이번에 제대로 맛있는 일본어 단어장

황선아 저

KB201979

맛있는 books

이번에 제대로 맛있는 일본어 단어장

초판 1쇄 인쇄	2025년 5월 30일
초판 1쇄 발행	2025년 6월 10일

저자	황선아
발행인	김효정
발행처	맛있는books
등록번호	제2006-000273호

주소	서울시 서초구 명달로 54 JRC빌딩 7층
전화	구입문의 02·567·3861
	내용문의 02·567·3860
팩스	02·567·2471
홈페이지	www.booksJRC.com

ISBN	979-11-6148-151-7 13730
정가	15,000원

여러분은 이 두 문장에 적합한 일본어 어휘를 알고 있나요?

- 모기에 물려서 **가렵네**.
- **간지러워** 만지지마.

    일본어 수업을 진행하면서 많은 학생들이 「おいしい(맛있다)」 「いそがしい(바쁘다)」 「むずかしい(어렵다)」 「すきだ(좋아하다)」와 같은 익숙한 단어만 반복해서 사용하는 모습을 자주 보았습니다. 물론 이런 간단한 단어만으로도 자신의 의사를 전달할 수는 있습니다. 그러나 익숙한 단어만 반복해 사용하는 것은 표현의 폭을 좁히고, 어휘력 향상을 방해하는 요인이 되기도 합니다.

    이 단어장은 그런 고민에서 출발했습니다. 단순히 시험을 위한 단어가 아닌, 취미, 성격, 스마트폰, 경제를 비롯하여 다양한 감정들과 행동까지 일상생활과 밀접한 주제들로 단어를 정리하고, 실생활에 기반한 자연스러운 예문을 통해 학습할 수 있도록 구성했습니다.

    또한, 함께 알아두면 좋을 추가 단어와 참고 사항, 학습자들이 흔히 궁금해할 만한 내용과 함께, 해석은 비슷하지만 느낌이 미묘하게 다른 어휘에 대해서는 영상 자료를 통해 보다 구체적인 설명을 덧붙여 글로는 전달되기 어려운 뉘앙스 차이를 여러분께 설명하며 최대한의 이해를 돕고자 했습니다.

    이 단어장을 통해 여러분이 다양한 어휘를 자신 있게 활용하면서 일본어 회화 실력을 끌어올릴 수 있기를 바랍니다. 표현이 풍부해질수록 말하는 즐거움도 커지고, 일본어에 대한 자신감도 자연스럽게 생겨날 것입니다.

    여러분의 일본어 여정에 이 단어장이 든든한 길잡이가 되기를 바라며, 언젠가 하고 싶은 말을 일본어로 자유롭게 표현할 수 있게 되기를 진심으로 응원합니다.

황선아

목차

📖 이 책의 구성과 특징

① 인물 Track001

★은 꼭 알아야 할 일상 필수 어휘입니다.

나, 저
わたし ❷
私 ★

나는 선생님입니다. ❹
わたし　せんせい
私は先生です。

➕ わたくし
私 저(わたし의 정중한 표현)

저, 나
ぼく ❸ ★
僕

저는 콘서트에 가고 싶습니다.
ぼく
僕はコンサートに行きたいです。 ❺

❶ 남성이 주로 사용함

➕ おれ
俺 나(정중하지 않은 표현)

❶ **QR코드**: QR코드를 찍어 단어와 예문을 일본어 원어민의 발음으로 들어 보세요.

❷ **표제 단어**: 일상생활에서 자주 사용하는 우리말 단어를 먼저 확인하고, 일본어로는 뭐라고 하는지 알아 보세요.

❸ **중요도**: 일본어 왕초보가 꼭 알아야 하는 필수 단어예요. ★이 붙은 단어를 우선적으로 학습해 보세요.

❹ **예문**: 표제 단어가 쓰인 예문을 한국어와 일본어로 보고 어떤 상황에서 어떻게 쓰이는지 알아 보세요.

❺ **더 알아보기**: 단어와 함께 알아두면 좋을 내용이에요. ➕는 함께 알아두면 좋은 추가 단어이고, ❶는 어휘력을 더욱 확장시켜줄 참고 사항이에요.

🐟 **일본어 단어, 궁금해요!** ❻

Q むしょく
無職와 ニート의 차이가 궁금해요.

A むしょく
無職는 일할 의지는 있으나 취업하지 못한 상태를 의미하고, ニート는 학업도 취업도 하지 않으며 일할 의지가 없는 15세~34세 청년 무직자를 의미해요.

강의 보기

❻ 초급 일본어 학습자가 단어를 공부하다가 자주 질문하는 내용을 모았어요. 의미가 비슷한 단어의 구별, 일본어 단어에서 보이는 특징 등을 알아 보세요. 특히 의미가 비슷한 단어의 구별은 저자의 동영상 강의를 통해 쉽고 재미있게 익혀 보세요.

회화 Talk!

앞에서 학습한 단어들이 실제 회화에서는 어떻게 사용되는지, 재미있는 회화를 통해 확인해 보세요. QR코드를 찍으면 원어민의 대화를 들을 수 있어요.

일상생활 속 부사/의성어/의태어 TOP20

일상생활에서 자주 쓰는 부사, 의성어, 의태어도 20개 씩 수록했어요. 어휘력을 더욱 풍부하게 확장해 보세요.

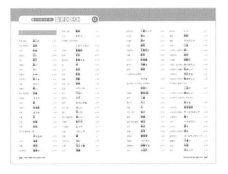

한국어로 바로 찾는 일본어 단어

책에 수록된 모든 단어를 한국어로 빠르게 찾고 확인할 수 있어요.

어휘력 만점 단어 테스트 PDF

아래 QR코드를 찍거나, 맛있는북스 홈페이지(www.booksJRC.com)에서 단어 테스트 PDF를 다운로드 받아 단어를 잘 학습했는지 확인해 보세요.

다운로드

Chapter 1

일상생활 속

명사.zip
(1)

명사는 사물이나 사람, 장소 등의 이름을 나타내며 문장을 구성하는
핵심 요소예요. 명사를 많이 알고 있으면 다양한 주제에 대해 이야기
할 수 있어 일본어 어휘력을 키우는 데 필수적이에요.

나와 우리, 집과 일의 밸런스

① 인물

Track001

★은 꼭 알아야 할 일상 필수 어휘입니다.

나, 저
わたし
私 ★

나는 선생님입니다.
わたし　せんせい
私は先生です。

➕ 私(わたくし) 저(わたし의 정중한 표현)

저, 나
ぼく
僕 ★

저는 콘서트에 가고 싶습니다.
ぼく　　　　　　　　　い
僕はコンサートに行きたいです。

❗ 남성이 주로 사용함
➕ 俺(おれ) 나(정중하지 않은 표현)

그, 그 사람
かれ
彼 ★

그는 항상 지각합니다.
かれ　　　　　　ち こく
彼はいつも遅刻します。

➕ 彼ら(かれら) 그들(복수형)

그녀, 여자 친구
かのじょ
彼女 ★

저기 머리가 긴 사람이 나의 여자 친구입니다.
かみ　なが　ひと　わたし　かのじょ
あの髪の長い人が私の彼女です。

여보, 당신
あなた

아내 '여보 오늘 몇 시에 돌아와?'
つま　　　　　　　　きょう なん じ　　かえ
妻「あなた、今日何時に帰ってくる？」

자네, 너
きみ
君

자네라면 할 수 있어.
きみ
君ならできる。

➕ 이름+君(くん) ~군(아랫사람 이름에 붙여 사용)

남자
おとこ　　ひと
男の人

남자와 여자가 이야기하고 있습니다.
おとこ　ひと　おんな　ひと　　はな
男の人と女の人が話しています。

❗ 「성별+の+사람/직업」의 형태로 활용
➕ 女の人(おんなひと) 여자

어른, 성인 ★	여기는 18세 이상의 어른밖에 들어갈 수 없습니다.

おとな
大人

ここは１８歳以上の大人しか入れません。

아이, 어린이 ★	아이는 나날이 성장해 갑니다.

こ
子ども

子どもは日々成長していきます。

사람 ★	모르는 사람입니다.

ひと
人

知らない人です。

❶ 앞에 붙는 어휘에 따라 ひと·びと·じん·にん 등으로 발음

➕ 人々 사람들(복수형)

다른 사람, 남 ★	다른 사람에게 말할 수 없는 것도 있습니다.

た にん
他人

他人に言えないこともあります。

➕ 赤の他人 생판 남

모두, 전부 ★	모두에게 전해 주세요.

みんな

みんなに伝えてください。

➕ みなさん 여러분

여럿, 많은 사람 ★	관광객이 여럿 있습니다.

おおぜい
大勢

観光客が大勢います。

누구 ★	저 사람은 누구입니까?

だれ
誰

あの人は誰ですか。

➕ どなた 어느 분(誰의 정중한 표현)

🎙 일본어 단어, 궁금해요!

Q あなた와 君를 언제 사용하는지 궁금해요.

A 일본에서는 기본적으로 상대방의 '이름'을 부르는 것이 예의예요. あなた는 주로 아내가 남편을 부를 때나 동등한 입장 혹은 아랫사람에게 부정적인 감정으로 부를 때 쓰고, 君 역시 동등한 입장이나 부하 직원을 부를 때 쓰는데 주로 남성이 써요.

Track002

★은 꼭 알아야 할 일상 필수 어휘입니다.

이름, 성함 ★	이름은 무엇입니까?
お名前 (なまえ)	**お名前は何ですか。** (なまえ / なん)

성, 성씨	저의 성은 김입니다.
名字 (みょうじ)	**私の名字はキムです。** (わたし / みょうじ)

❗ 苗字라고 쓰기도 함 (みょうじ)

출신	그는 프랑스 출신입니다.
出身 (しゅっしん)	**彼はフランス出身です。** (かれ / しゅっしん)

➕ 出身地 출신지 (しゅっしんち) ➕ 出身校 출신 학교 (しゅっしんこう)

나라, 고향 ★	고향은 어디입니까?
お国 (くに)	**お国はどちらですか。** (くに)

❗ 출신 국가를 물을 때도 사용

주소 ★	이사로 주소가 바뀌었습니다.
住所 (じゅうしょ)	**引っ越しで住所が変わりました。** (ひ / こ / じゅうしょ / か)

➕ 住民 주민 (じゅうみん)

우편 번호	층마다 우편 번호가 다릅니다.
郵便番号 (ゆうびんばんごう)	**フロアによって郵便番号が違います。** (ゆうびんばんごう / ちが)

전화번호 ★	전화번호는 010-1234-5678입니다.
電話番号 (でんわばんごう)	**電話番号は010-1234-5678です。** (でんわばんごう / ぜろいちぜろのいちにーさんよんのごーろくななはち)

❗ '-'는 の라고 읽음

명사

이메일 주소	이메일 주소는 japanese@mail.com입니다.
メールアドレス	メールアドレスはjapanese@mail.comです。

❶ 줄여서 メアド라고도 함　❶ '@'는 アットマーク라고 읽음

연령, 나이	나이보다 젊어 보입니다.
ねんれい 年齢	年齢より若く見えます。

생년월일	생년월일로 점칩니다.
せいねんがっぴ 生年月日	生年月日で占います。

생일, 출생일 ★	생일 축하합니다.
たんじょうび (お)誕生日	お誕生日おめでとうございます。

❶ せいにち
生日(X)

성별	남자아이인지 여자아이인지 아직 성별은 모릅니다.
せいべつ 性別	男の子か女の子かまだ性別は分かりません。

공통 번호	공통 번호는 개인정보입니다.
マイナンバー	マイナンバーは個人情報です。

❶ 개인 식별을 위해 국민 전원에게 할당된 번호

신분증	신분증을 보여 주세요.
みぶんしょう 身分証	身分証を見せてください。

❶ みぶんしょうめいしょ
身分証明書(신분증명서)의 줄임말

일본어 단어, 궁금해요!

Q お名前, お国 앞의 「お」는 어떤 의미인지 궁금해요.

A 「お」는 「ご」와 함께 보다 정중하게 말하는 느낌을 주는 접두어예요. 일본 고유어에는 「お」, 한자어에는 「ご」를 붙인다는 규칙이 있지만 예외가 많아 단어별로 암기해야 해요.

명사.zip | 개인정보 **13**

③ 신체

은 꼭 알아야 할 일상 필수 어휘입니다.

몸
か(らだ)
体

몸에 좋은 음식은 무엇이 있습니까?
体にいい食べ物は何がありますか。

머리, 두뇌
あたま
頭

어제부터 머리가 아파서 일에 집중할 수 없습니다.
昨日から頭が痛くて、仕事に集中できません。

얼굴
かお
顔

저 사람 얼굴이 정말 작네요.
あの人、顔がとても小さいですね。
➕ 顔色 안색, 얼굴 빛

목
くび
首

목이 춥기 때문에 머플러를 합니다.
首が寒いからマフラーをします。

목구멍, 목
のど
喉

목이 말라서 물을 샀습니다.
喉が渇いてお水を買いました。
➕ のど飴 목캔디

이, 이빨
は
歯

소금으로 이를 닦는 사람도 있다는 것 같습니다.
塩で歯を磨く人もいるらしいです。
➕ 虫歯 충치 ➕ 奥歯 어금니

어깨
かた
肩

무거운 것을 들고 나서 어깨가 아픕니다.
重いものを持ち上げてから肩が痛いです。
➕ 肩こり 어깨 결림

가슴
むね
胸

저는 범인이 아니라고 가슴을 펴고 말할 수 있습니다.

わたし はんにん   むね は い
私は犯人ではないと、胸を張って言えます。

むね
➕ 胸キュン 심쿵

팔꿈치
ひじ
肘

책상에 팔꿈치를 괴고 앉아 있습니다.

つくえ ひじ   すわ
机に肘をついて座っています。

배 ⭐
なか
お腹

배가 고파서 잘 수 없습니다.

なか す   ねむ
お腹が空いて眠れません。

허리
こし
腰

허리에 좋은 의자로 바꾸었습니다.

こし い す か
腰にいい椅子に変えました。

엉덩이
しり
お尻

계속 앉아있었기 때문에 엉덩이가 아픕니다.

すわ   しり いた
ずっと座っていたので、お尻が痛いです。

무릎
ひざ
膝

무릎을 구부리면 소리가 납니다.

ひざ ま   おと
膝を曲げると音がします。

발목
あしくび
足首

발목이 부었습니다.

あしくび
足首がむくみました。

あし   あし   てくび
➕ 足 발 ➕ 脚 다리 ➕ 手首 손목

일본어 단어, 궁금해요!

あし あし
Q 足와 脚의 정확한 구분이 궁금해요.

あし   あし
A 주로 발목 아래 부분은 足, 발목에서부터 허리 아래까지는 脚라고 해요. 다른 특징으로는 脚의 경우
사람의 신체뿐만 아니라 사물의 다리를 나타내기도 한답니다.

④ 가족

Track004

★은 꼭 알아야 할 일상 필수 어휘입니다.

가족 ★ か ぞく **家族**	우리 집은 4인 가족입니다. よ にん か ぞく うちは４人家族です。 ➕ か ぞく ご家族 (다른 사람의) 가족
아빠, 아버지 ★ ちち **父**	아빠는 등산을 좋아합니다. ちち やまのぼ す 父は山登りが好きです。 ➕ とう お父さん 아버지, 아버님
엄마, 어머니 ★ はは **母**	엄마는 요리를 잘합니다. はは りょう り じょう ず 母は料理が上手です。 ➕ かあ お母さん 어머니, 어머님
형, 오빠 ★ あに **兄**	형(오빠)은 아빠와 닮았습니다. あに ちち に 兄は父に似ています。 ➕ にい お兄さん 형, 오빠
누나, 언니 ★ あね **姉**	누나(언니)는 상냥합니다. あね やさ 姉は優しいです。 ➕ ねえ お姉さん 누나, 언니
남동생 ★ おとうと **弟**	남동생은 나보다 2살 연하입니다. おとうと わたし に さいとしした 弟は私より２歳年下です。 ➕ おとうと 弟さん (다른 사람의) 남동생
여동생 ★ いもうと **妹**	여동생은 나보다 키가 작습니다. いもうと わたし せ ひく 妹は私より背が低いです。 ➕ いもうと 妹さん (다른 사람의) 여동생

형제
きょうだい
兄弟

형제는 있습니까?

きょうだい
兄弟はいますか。

➕ きょうだい 兄妹 남매　➕ しまい 姉妹 자매

부부
ふう ふ
夫婦

'결혼'이란 부부가 되는 것입니다.

けっこん　　　　ふう ふ
「結婚」とは、夫婦になることです。

명사

남편 ⭐
おっと
夫

남편은 아들에게 엄격합니다.

おっと　　むすこ　きび
夫は息子に厳しいです。

➕ だん な 旦那さん (다른 사람의) 남편

아내 ⭐
つま
妻

아내는 항상 맛있는 밥을 만들어 준다.

つま　　　　　　　　　　ご はん　つく
妻はいつもおいしいご飯を作ってくれる。

➕ おく 奥さん (다른 사람의) 부인

딸 ⭐
むすめ
娘

딸은 올해 8살이 됩니다.

むすめ　ことし　はっさい
娘は今年、8才になります。

➕ むすめ 娘さん (다른 사람의) 딸

아들 ⭐
むすこ
息子

아들에게 여자 친구가 생겼습니다.

むすこ　かのじょ
息子に彼女ができました。

➕ むすこ 息子さん (다른 사람의) 아들

쌍둥이
ふた ご
双子

똑 닮은 쌍둥이네요.

ふた ご
そっくりの双子ですね。

🐷 **일본어 단어, 궁금해요!**

Q お父さんと 父, 어떻게 구분해서 사용하는지 궁금해요.

A 다른 사람에게 우리 가족을 소개할 때는 존칭의 의미인 「お」와 「さん」을 빼고 父, 母 등으로 불러요. 반면 ① 내가 나의 가족을 부를 때, ② 상대방의 가족을 부를 때는 「お」와 「さん」을 붙여 お父さん, お母さん으로 불러요.

★은 꼭 알아야 할 일상 필수 어휘입니다.

경찰관 けいさつかん **警察官** ★	경찰관이 범인을 잡았습니다. けいさつかん はんにん つか **警察官が犯人を捕まえました。** ➕ お巡りさん 순경 ➕ 刑事 형사
간호사 かんごし **看護師**	수술실의 간호사 덕분에 진정할 수 있었다. しつ かんごし お **オペ室の看護師のおかげで落ちつけた。**
의사 いしゃ **医者** ★	의사에게 진찰받았습니다. いしゃ み **医者に診てもらいました。** ➕ 歯医者 치과 의사
역무원 えきいん **駅員**	역무원이 없는 역도 있습니다. えきいん えき **駅員のいない駅もあります。** ❗ 명사+員 ~종사자
공무원 こうむいん **公務員** ★	공무원은 국민의 생활을 위해 일합니다. こうむいん こくみん せいかつ はたら **公務員は国民の生活のために働きます。**
회사원 かいしゃいん **会社員** ★	회사원은 회사에 고용되어 일합니다. かいしゃいん かいしゃ やと はたら **会社員は会社に雇われ、働きます。**
담당 직원 かか いん **係り(員)**	담당 직원에게 확인해 보겠습니다. かか いん かくにん **係り員に確認してみます。**

선생님
先生
せんせい

선생님 한 번 더 설명해 주세요.

先生、もう一度説明してください。
せんせい　いち ど せつめい

❗ 先生様(X)
せんせいさま

변호사
弁護士
べん ご し

변호사는 법률 상담을 하고 있습니다.

弁護士は法律相談を行っています。
べん ご し　ほうりつそうだん　おこな

전업주부
専業主婦
せんぎょうしゅ ふ

엄마는 전업주부입니다.

母は専業主婦です。
はは　せんぎょうしゅ ふ

프리랜서
フリーランサー

프리랜서는 자유롭게 일할 수 있습니까?

フリーランサーは自由に働けますか。
じ ゆう　はたら

❗ 조직에 소속되지 않고 자신의 특기나 기술을 살려 일하는 사람

프리터족
フリーター

프리터족은 정규직이 아닙니다.

フリーターは正社員ではありません。
せいしゃいん

❗ 아르바이트 형태로 여러 일을 하는 사람

무직
無職
む しょく

정리 해고되어 무직이 되었습니다.

リストラされて無職になりました。
む しょく

백수
ニート

백수인 장남을 일하게 하고 싶습니다.

ニートの長男を働かせたいです。
ちょうなん　はたら

🐟 **일본어 단어, 궁금해요!**

Q 無職와 ニート의 차이가 궁금해요.
む しょく

A 無職는 일할 의지는 있으나 취업하지 못한 상태를 의미하고, ニート는 학업도 취업도
む しょく
하지 않으며 일할 의지가 없는 15세~34세 청년 무직자를 의미해요.

강의 보기

★은 꼭 알아야 할 일상 필수 어휘입니다.

취미 ★
しゅ み
趣味

저의 취미는 영화를 보는 것입니다.
わたし しゅ み えい が み
私の趣味は映画を見ることです。

흥미 ★
きょう み
興味

소설을 읽는 것에 흥미가 있습니다.
しょうせつ よ きょう み
小説を読むことに興味があります。

등산 ★
やま のぼ
山登り

날씨가 좋다면 등산을 가고 싶습니다.
てん き やま のぼ い
いい天気なら、山登りに行きたいです。
➕ と ざん 登山 등산(높은 산이나, 장비를 갖추고 산을 오를 때 주로 사용)

카페 투어
めぐ
カフェ巡り

산책을 하면서 카페 투어를 합니다.
さん ぼ めぐ
散歩しながらカフェ巡りをします。
➕ おんせんめぐ 温泉巡り 온천 순례 ➕ てらめぐ お寺巡り 사찰 순례

낚시
つ
釣り

이 강은 낚시(하기)에 좋은 장소입니다.
かわ つ
この川は釣りにいいところです。

영화 감상
えい が かんしょう
映画鑑賞

저는 영화 감상(하는 것)을 매우 좋아합니다.
わたし えい が かんしょう だい す
私は映画鑑賞が大好きです。

뜨개질, 뜨개질한 것
あ もの
編み物

뜨개질이 취미여서 모자 정도는 만들 수 있습니다.
あ もの しゅ み ぼう し つく
編み物が趣味で、帽子ぐらいは作れます。
❗ あ 編む (뜨다) + もの 物 (물건)

독서 どくしょ **読書** ★	바빠서 독서할 시간이 없습니다. いそが　どくしょ　じかん 忙しくて読書する時間がありません。

사진 しゃしん **写真** ★	사진을 찍어도 될까요? しゃしん　と 写真を撮ってもいいですか。

수집 しゅうしゅう **収集**	우표 수집은 간단하게 시작할 수 있습니다. きって　しゅうしゅう　かんたん　はじ 切手収集は簡単に始められます。

혼자 노래방 **ヒトカラ**	혼자 노래방을 가본 적이 없습니다. ヒトカラはしたことがありません。 ひとり ❗ 一人(한 명)+カラオケ(노래방)

식도락 た　ある **食べ歩き**	기분 전환으로 식도락을 즐길 때가 있습니다. きぶんてんかん　た　ある 気分転換に食べ歩きをすることがあります。 た　ある ❗ 食べる(먹다)+歩く(걷다)

덕질 お　かつ **推し活**	인생 첫 덕질입니다. じんせいはつ　お　かつ 人生初の推し活です。 お　かつどう ❗ 推す(밀다, 추천하다)+活動(활동), 주로 아이돌을 응원하는 활동을 말함 かつ ➕ オタ活 오타쿠 활동

스터디 べんきょうかい **勉強会**	아침 스터디를 시작했습니다. あさ　べんきょうかい　はじ 朝の勉強会を始めました。

🐙 일본어 단어, 궁금해요!

Q 推し活와 オタ活의 차이가 궁금해요.

A 推し活는 특정 아이돌이나 아티스트를 응원하는 것이 주된 활동이에요. 반면 オタ活
(ヲタ活라고도 함)는 비교적 폭넓은 범주의 문화, 장르에 흥미를 갖고 다양한 활동을 해
요.

강의 보기

⑦ 성격

Track007

★은 꼭 알아야 할 일상 필수 어휘입니다.

성격 ★
せいかく
性格

그녀는 잘 웃고, 밝은 성격입니다.
かのじょ　　　　わら　　　あか　　せいかく
彼女はよく笑う、明るい性格です。

수다쟁이 ★
おしゃべり

딸은 매우 수다쟁이입니다.
むすめ
娘はとてもおしゃべりです。

➕ しゃべる 수다를 떨다

욕심쟁이
よく　ば
欲張り

가지면 가질수록 욕심쟁이가 됩니다.
も　　　　も　　　　　よく　ば
持てば持つほど、欲張りになります。

❗ 欲(욕심)+張る(부리다)

낯가림 ★
ひと　み　し
人見知り

낯가림이 심합니다.
ひと　み　し　　　はげ
人見知りが激しいです。

겁쟁이
おくびょう　もの
臆病(者)

겁쟁이라도 화내면 무서워요.
おくびょうもの　　　おこ　　こわ
臆病者でも怒れば怖いですよ。

❗ 臆する(겁내다)+病(병)

변덕쟁이
き
気まぐれ

변덕쟁이와는 사귈 수 없습니다.
き　　　　　　　　つ　あ
気まぐれには付き合えません。

❗ 気(마음)+まぐれ(흔들림)

외유내강(곤약 멘탈) ★
**こんにゃく
メンタル**

외유내강이라 잘 무너지지 않습니다.
くず
こんにゃくメンタルなので、崩れにくいです。

---

22 이번에 제대로 맛있는 일본어 단어장

유리 멘탈(두부 멘탈)
とう ふ
豆腐メンタル

유리 멘탈이라서 상처받기 쉽습니다.
とう ふ 　　　　　　　　きず
豆腐メンタルなので、傷つきやすいです。

부끄럼쟁이
は　　　　　　　　や
恥ずかしがり屋

부끄럼쟁이라서 사람들 앞에서는 긴장합니다.
は　　　　　　　や　　　ひとまえ　　　きんちょう
恥ずかしがり屋で、人前では緊張します。

　　　　　　　　　　　さび　　　　や
➕ 寂しがり屋 외로움을 잘 타는 사람

기분파
き ぶん や
気分屋

기분파인 상사 때문에 고민하고 있습니다.
き ぶん や　 じょうし　 なや
気分屋の上司に悩んでいます。

인싸
よう
陽キャ

세상에는 인싸도 아싸도 존재합니다.
よ なか　　　　よう　　　　いん　　　 そんざい
世の中には陽キャも陰キャも存在します。

　　よう き　 　いん き
➕ 陽気な/陰気なキャラクター 쾌활한/음침한 캐릭터의 줄임말

사차원, 백치미
てん ねん
天然ボケ

사차원으로 인기를 모았습니다.
てんねん　　　　　　にん き　 あつ
天然ボケとして人気を集めました。

➕ ボケる 둔하다

집순이, 집돌이
　　　　　　は
インドア派

집순이라서 휴일에도 나가지 않는다.
　　　　　　は　　　　　やす　　ひ　　　　で
インドア派なので、休みの日にも出かけない。

　　　　　　　　　は
❗ 명사+派 ~한 경향, 특징을 갖고 있는 집단

분위기 메이커
ムードメーカー

인기 있는 사람이란 분위기 메이커지.
　　　　　ひと
モテる人ってムードメーカーだよね。

　　 ふん い き
❗ 雰囲気メーカー(X)

명사

일본어 단어, 궁금해요!

Q 「~屋」의 역할이 궁금해요.

A 「~屋」는 ① 물건을 파는 가게, ② 가게 주인이나 판매하는 사람, ③ 사람의 성격이나 성질을 표현
할 때 사용해요.

★은 꼭 알아야 할 일상 필수 어휘입니다.

인간관계
にんげんかんけい
人間関係 ★

인간관계가 잘 안됩니다.
にんげんかんけい
人間関係がうまくいかないです。

❗ 人間(인간)+関係(관계)

아는 사람, 지인
し　あ
知り合い ★

일을 통해서 지인이 되었습니다.
しごと　つう　し　あ
仕事を通じて知り合いになりました。

➕ 知り合う 서로 알게 되다

친구
とも だち
友達 ★

멀리 이사하는 친구에게 편지를 씁니다.
とお　ひ　こ　ともだち　て がみ　か
遠くに引っ越す友達に手紙を書きます。

➕ 友人 친구

절친한 친구
しん ゆう
親友

친구가 많아도 절친한 친구는 없습니다.
ともだち　おお　しんゆう
友達が多くても親友はいません。

소꿉친구
おさな
幼なじみ

어릴 때부터의 소꿉친구입니다.
ちい　ころ　おさな
小さい頃からの幼なじみです。

❗ 幼い(어리다)+なじみ(친한 사이)

동료
どうりょう
同僚

동료가 나의 일을 도와주었습니다.
どうりょう　わたし　しごと　て つだ
同僚が私の仕事を手伝ってくれました。

➕ 同期 동기

선배
せん ぱい
先輩 ★

후배는 선배로부터 배울 것이 많습니다.
こうはい　せんぱい　まな　おお
後輩は先輩から学ぶことが多いです。

➕ 後輩 후배

사이가 좋음
仲良し
_{なか よ}

둘은 늘 사이가 좋네요.

2人はいつも仲良しですね。
_{ふたり} _{なか よ}

➕ 仲 사이
_{なか}

무리
仲間
_{なか ま}

같은 취미의 무리가 모였습니다.

同じ趣味の仲間が集まりました。
_{おな} _{しゅみ} _{なか ま} _{あつ}

왕따
仲間外れ
_{なか ま はず}

직장에서의 왕따로 고민하고 있습니다.

職場での仲間外れで悩んでいます。
_{しょく ば} _{なか ま はず} _{なや}

❗ 명사+外れ 어느 무리/집단에서 벗어나거나 소외된 상태
_{はず}

애인, 연인 ⭐
恋人
_{こい びと}

애인에게 프러포즈 받았습니다.

恋人にプロポーズされました。
_{こい びと}

➕ 愛人 불륜 상대
_{あい じん}

남자 친구 ⭐
彼氏
_{かれ し}

주말에는 남자 친구와 데이트했습니다.

週末は彼氏とデートしました。
_{しゅうまつ} _{かれ し}

여자 모임
女子会
_{じょ し かい}

여자 모임은 활기차고 즐거워 보입니다.

女子会は賑やかで楽しそうに見えます。
_{じょ し かい} _{にぎ} _{たの} _み

❗ 명사+会 ~회, ~모임
_{かい}

아이들끼리
子ども同士
_{こ どう し}

아이들끼리의 싸움에 부모는 어떻게 하나요?

子ども同士のケンカに親はどうしますか。
_こ _{どう し} _{おや}

❗ 명사+同士 ~끼리
_{どう し}

🌀 일본어 단어, 궁금해요!

Q '친구'를 뜻하는 友達, 友人, 親友의 차이가 궁금해요.
_{ともだち} _{ゆうじん} _{しんゆう}

A 友達는 가장 일반적으로 사용하는 단어예요. 友人은 友達의 공손한 표현이라고 할 수
_{ともだち} _{ゆうじん} _{ともだち}
있어요. 親友는 한자 그대로 친한 친구를 의미해요.
_{しんゆう}

강의 보기

★은 꼭 알아야 할 일상 필수 어휘입니다.

(남녀) 단체 미팅
ごう
合コン

오랜만의 단체 미팅이라 긴장됩니다.

ひさ　　　　　ごう　　　　　　　きんちょう
久しぶりの合コンなので、緊張します。

❗ ごうどう
合同(합동)+コンパニー(친목회)

소개 ★
しょうかい
紹介

친구에게 소개 받았습니다(친구가 소개해 주었습니다).

ともだち　しょうかい
友達に紹介してもらいました。

첫눈에 반함 ★
ひと め ぼ
一目惚れ

첫눈에 반하는 건 믿을 수 없습니다.

ひと め ぼ　　　　　　しん
一目惚れなんて信じられません。

❗ ひと め　　　　　ぼ
一目(한눈)+惚れる(반하다)

이상형 ★
す
好きなタイプ

이상형은 어떤 사람입니까?

す　　　　　　　　　　　ひと
好きなタイプって、どんな人ですか。

❗ す
好きだ(좋아하다)+タイプ(타입)

썸, 그린 라이트
みゃく
脈あり

썸이라고 생각했는데 착각이었습니다.

みゃく　　　　　おも　　　　　　　　かんちが
脈ありだと思いましたが、勘違いでした。

➕ みゃく　　　　　　　　➕ みゃく
脈ありサイン 호감 신호　脈なし 호감 없음

교제, 사귐
つ あ
付き合い

그와는 오래 교제한 사이입니다.

かれ　　　　なが　　つ あ
彼とは長い付き合いです。

❗ 연애뿐만 아니라 친구, 지인 등 폭넓은 의미의 교제를 의미

이별, 헤어짐
わか
別れ

이별의 예감이 듭니다.

わか　　　よ かん
別れの予感がします。

❗ り べつ
離別(이별)는 잘 사용하지 않음

장거리 연애
えんきょり れんあい
遠距離恋愛

장거리 연애이기 때문에 좀처럼 만날 수 없습니다.
えんきょり れんあい
遠距離恋愛なのでなかなか会えません。

결혼 ⭐
けっこん
結婚

결혼은 신중히!
けっこん しんちょう
結婚は慎重に！

결혼 준비 활동
こんかつ
婚活

결혼 준비 활동 파티에서 알게 되어 결혼했습니다.
こんかつ し あ けっこん
婚活パーティーで知り合い、結婚しました。
けっこんかつどう
❶ 結婚活動(결혼활동)의 줄임말

이혼
りこん
離婚

남편과 가치관이 맞지 않아 이혼하고 싶습니다.
おっと か ち かん あ りこん
夫と価値観が合わなくて、離婚したいです。

바람
うわ き
浮気

여자 친구의 바람으로 헤어졌습니다.
かのじょ うわ き わか
彼女の浮気で別れました。
うわ き うわ き
➕ 浮気する (내가) 바람을 피우다 ➕ 浮気される (상대가) 바람을 피우다

전 남친
もと
元カレ

전 남친으로부터의 선물은 전부 버렸습니다.
もと ぜん ぶ す
元カレからのプレゼントは全部捨てました。
もと
➕ 元カノ 전 여친
もと かれ し かのじょ
❶ 元(전의 상대)+彼氏(남자 친구)/彼女(여자 친구)

상대 ⭐
あい て
相手

상대의 마음을 모르겠습니다.
あい て き も わ
相手の気持ちが分かりません。

🐭 **일본어 단어, 궁금해요!**

Q 脈ありが 왜 '썸'을 의미하는지 궁금해요.

A 脈는 '맥', '맥박'을 의미하는 한자예요. 즉, 脈なし(맥이 없다)는 죽음을 의미하기 때문에 脈あり는
   '맥이 뛸 가능성이 있다', '희망이 있다'라는 의미로 사용하게 되었어요. 이 표현을 남녀 관계에 있어
   서는 '상대방과의 가능성이 있다'로 해석하게 되었답니다.

Track010

★은 꼭 알아야 할 일상 필수 어휘입니다.

말, 이야기
はなし
話 ★

남의 말을 잘 들읍시다.

ひと　はなし　　　　　　　　　　き
人の話はちゃんと聞きましょう。

➕ た はなし
立ち話 서서 이야기함

**의논, 상담,
서로 이야기함**
はな　　あ
話し合い ★

조금 쉬고 나서 의논을 계속했습니다.

すこ　やす　　　　　　　はな　　あ　　　　つづ
少し休んでから、話し合いを続けました。

❗ 동사 ます형+合い 서로 ~함
あ

연락
れんらく
連絡 ★

연락이 안 돼서 걱정했습니다.

れんらく　　と　　　　　　　　しんぱい
連絡が取れなくて心配しました。

➕ れんらく　　　　　と
連絡をする/取る 연락을 하다

상담
そうだん
相談 ★

언제든지 상담해 드릴게요.

そうだん　　の
いつでも相談に乗りますよ。

➕ そうだん　　の
相談に乗る 상담을 해주다

잡담
ざつだん
雑談

커피를 마시면서 잡담했습니다.

の　　　　　　ざつだん
コーヒーを飲みながら雑談しました。

의견
いけん
意見 ★

모두의 의견을 정리합니다.

いけん
みんなの意見をまとめます。

찬성
さんせい
賛成 ★

부장의 판단에 찬성입니다.

ぶちょう　　はんだん　　さんせい
部長の判断に賛成です。

반대
はんたい
反対 ⭐

그 제안에 반대할 수 없었습니다.

その提案に反対できませんでした。

이해
りかい
理解 ⭐

어떻게든 이해했습니다만….

何となく理解したのですが…。

신뢰
しんらい
信頼

그는 자주 거짓말을 하기 때문에 신뢰할 수 없습니다.

彼はよく嘘をつくので信頼できません。

➕ 信じる 믿다

공감
きょうかん
共感

후배의 고민에 공감했습니다.

後輩の悩みに共感しました。

➕ 同感 동감

납득
なっとく
納得

사장님 말씀에 납득할 수 없습니다.

社長の言うことに納得できません。

잘못 들음
き まちが
聞き間違い

잘못 듣는 것은 중대한 실수로 이어진다.

聞き間違いは重大なミスに繋がる。

❗ 聞く(듣다)+間違い(실수)

통역
つうやく
通訳

통역을 통해서 인터뷰했다.

通訳を通してインタビューした。

➕ 翻訳 번역

🎧 일본어 단어, 궁금해요!

Q 話와 話し合い의 차이가 궁금해요.

A 話는 화자가 한 명인 경우에도 사용할 수 있어요. 반면 話し合い는 둘 이상의 화자가 대화를 통해 결론, 방법, 해결책을 도출해 내는 경우에 사용해요.

강의 보기

회화 Talk!

Talk① | 여동생의 덕질 열정

Track101

기무라군의 여동생, 최근 덕질에 빠져 있지?
木村君の妹、最近推し活に夢中なんだよね？

응, 매주 이벤트에 참가하고 있어.
うん、毎週イベントに参加してるよ。

그거 대단하네. 어머니는 아무 말도 안 하셔?
それってすごいね。お母さんは何とも言わないの？

혼났지만 전혀 신경 쓰지 않는 것 같아.
怒られたけど、全然気にしてないみたい。

New 단어 最近 최근 夢中だ 빠져 있다, 열중하다 毎週 매주 イベント 이벤트 参加 참가 すごい 대단하다
言う 말하다 怒る 혼내다, 화내다 全然 전혀 気にする 신경 쓰다

Talk② | 첫눈에 반한 순간, 용기를 내봐

Track102

저 사람에게 첫눈에 반했는데, 어떻게 하지….
あの人に一目惚れしたんだけど、どうしよう…。

낯가림이 심하니까 말 못 걸잖아.
人見知りが激しいから、話しかけられないじゃん。

그건 그렇지만… 지금 말 걸지 않으면 후회할 거라고 생각해서….
それはそうだけど…今声かけないと後悔すると思って…。

'용기가 있는 사람만이 미인을 얻는다'라는 속담도 있지.
「勇者のみが美女を得るに値する」という諺もあるね。

New 단어 話(を)かける 말(을) 걸다 今 지금 声(を)かける 말(을) 걸다 後悔 후회 思う 생각하다 諺 속담

Talk③ | 등산은 힘들어

Track103

등산을 시작했는데, 허리랑 무릎이 조금 아파서 말이야.
山登りを始めたんだけど、腰と膝が少し痛くてさ。

등산은 몸에 부담이 가니까 무리하지 말고 쉬는 편이 좋아.
山登りは体に負担がかかるから、無理せずに休んだ方がいいよ。

응. 그런데 체력을 키우고 싶어서, 조금씩 열심히 하려고 해.
うん、でも体力をつけたいから、少しずつ頑張ろうと思ってる。

그럼 조심하면서 즐겨!
じゃあ、気を付けながら楽しんでね！

New 단어 始める 시작하다　少し 조금　痛い 아프다　負担がかかる 부담이 가다　無理 무리　休む 쉬다
でも 하지만　体力をつける 체력을 키우다　頑張る 열심히 하다　気を付ける 조심하다　楽しむ 즐기다

Talk④ | 불안의 속삼임

Track104

있잖아, 좀 상담이 있는데.
ねえ、ちょっと相談があるんだけど。

무슨 일이야? 남자 친구랑 무슨 일 있었어?
どうしたの？彼氏と何かあったの？

최근 그에게 연락이 적어서, 바람피고 있는 건 아닌가 해서….
最近彼からの連絡が少なくて、浮気してるんじゃないかって…。

그거 불안하겠다. 직접 그에게 물어보는 게 좋지 않아?
それは不安だね。直接彼に聞いてみた方がいいんじゃない？

New 단어 ちょっと 조금, 좀, 잠깐　少ない 적다　不安だ 불안하다　直接 직접　聞く 묻다, 듣다

★은 꼭 알아야 할 일상 필수 어휘입니다.

집
いえ
家 ★

집에 아무도 없었습니다.
いえ　だれ
家に誰もいませんでした。

➕ うち
家 우리 집, 가정

아파트
アパート ★

3층 아파트에 살고 있습니다.
さんがい　　　　　　す
３階のアパートに住んでいます。

❗ 한국의 빌라와 같은 형태

맨션
マンション ★

고층 맨션으로 이사하고 싶습니다.
こうそう　　　　　　　　ひ　こ
高層マンションに引っ越したいです。

❗ 한국의 아파트와 같은 형태

단독주택
いっ こ だ
一戸建て

단독주택이기 때문에 개를 키울 수 있습니다.
いっ こ だ　　　　　いぬ　か
一戸建てなので、犬が飼えます。

➕ ひら や
平屋 단층집

신축
しんちく
新築

지은 지 얼마 안 된 신축입니다.
た　　　　　　　　　　しんちく
建てられたばかりの新築です。

자취
ひとり ぐ
一人暮らし ★

부모님 집을 나와서 자취를 시작했습니다.
じっか　で　　ひとり ぐ　　　はじ
実家を出て一人暮らしを始めました。

➕ ふたり ぐ
2人暮らし 둘이서 생활

동거
どう せい
同棲

그들은 대학 시절부터 동거하고 있습니다.
かれ　　だいがく じ だい　　どうせい
彼らは大学時代から同棲しています。

❗ 남녀의 동거를 말함

➕ どうきょ
同居 동거(성별 상관없이 타인과 거주하는 것)

하숙
下宿
げ しゅく

식사가 포함된 하숙입니다.
食事付きの下宿です。
しょく じ つ　　　　げ しゅく

부동산
不動産(屋)
ふ どうさん　や

부동산에 가기 전에 조건을 정리합니다.
不動産屋に行く前に条件をまとめます。
ふ どうさん や　い　まえ　じょうけん

집세
家賃
や ちん

이번 달 집세는 벌써 지불했습니다.
今月分の家賃はもう払いました。
こんげつぶん　や ちん　　　　はら

❗ 전세의 개념이 없는 일본은 월세라는 표현 대신 집세라는 단어를 사용

집주인(임대인)
大家さん
おお や

언젠가는 집주인이 되고 싶습니다.
いつかは大家さんになりたいです。
おお や

➕ 家主 집주인(소유자)
や ぬし

남향
南向き
みなみ む

가능한 한 남향인 방을 찾고 있습니다.
できるだけ南向きの部屋を探しています。
みなみ む　　　へ や　さが

❗ 南(남쪽)+向き(방향)
みなみ　　　　む

리모델링
リフォーム

집을 세련되게 리모델링하고 싶습니다.
家をおしゃれにリフォームしたいです。
いえ

볕이 듦
日当たり
ひ あ

볕이 드는 것을 중시하는 사람이 많습니다.
日当たりを重視する人が多いです。
ひ あ　　　じゅうし　　ひと　おお

➕ 日当たりがいい 볕이 잘 들다　　➕ 日当たりが悪い 볕이 잘 안 들다
ひ あ　　　　　　　　　　　　　　　ひ あ　　わる

🐙 **일본어 단어, 궁금해요!**

Q アパートと マンションは どう 区別するのか 궁금해요.

A アパートと マンションの 명확한 정의는 없지만 일반적으로는 건물의 구조로 구별하고 있어요. 목조나 경량 철골조로 지어진 2층 혹은 3층의 공동 주택을 アパート라고 하며, 철근 콘크리트로 지어진 3층 이상의 공동 주택을 マンション이라고 불러요.

강의 보기

Track012

★은 꼭 알아야 할 일상 필수 어휘입니다.

현관
げんかん
玄関

크리스마스 리스를 현관에 장식합니다.
クリスマスリースを玄関に飾ります。

복도
ろうか
廊下

복도를 뛰어서는 안 됩니다.
廊下を走ってはいけません。

방 ★
へや
部屋

좁아도 멋있는 방입니다.
狭くてもおしゃれな部屋です。
➕ 畳 장(방의 크기를 나타내는 단위)

벽
かべ
壁

벽이 얇아서 시끄럽습니다.
壁が薄くてうるさいです。
➕ 天井 천장

창문 ★
まど
窓

창문을 열고 공기를 교체합니다(환기합니다).
窓を開けて空気を入れ替えます。

정원 ★
にわ
庭

집 정원에 작은 새가 있습니다.
家の庭に小鳥がいます。

2LDK
にーえるでぃーけー
2LDK

3인 가족은 2LDK로 충분합니다.
３人家族は２ＬＤＫで十分です。
❗ 숫자는 방의 개수, L은 거실, D는 식사 공간, K는 부엌

거실 ★	거실에 둘 소파를 샀습니다.
リビング	リビングに置くソファーを買いました。
	⊕ 居間 거실

부엌, 주방 ★	여동생은 부엌에서 카레를 만들고 있습니다.
台所	妹は台所でカレーを作っています。
	⊕ ダイニング 다이닝(식사 공간)

욕실 ★	화장실과 욕실이 따로인 호텔이 좋습니다.
お風呂	トイレとお風呂が別のホテルがいいです。
	⊕ トイレ 화장실

| 벽장 | 벽장에 이불을 넣습니다. |
| 押し入れ | 押し入れに布団をしまいます。 |

| 옥상 | 옥상에서 무엇이 보입니까? |
| 屋上 | 屋上から何が見えますか。 |

| 다락 | 다락은 편리한 수납 공간입니다. |
| ロフト | ロフトは便利な収納スペースです。 |

| 방의 배치 | 방의 배치를 생각해 봅시다. |
| 間取り | 間取りを考えてみましょう。 |

명사

일본어 단어, 궁금해요!

Q トイレ와 お風呂는 다른 공간인지 궁금해요.

A 변기가 있는 곳을 トイレ, 샤워기나 욕조가 있는 공간을 お風呂라고 해요. 風呂는 욕조를 의미하기도 한답니다. 집 구조에 따라서는 세면대가 따로 분리되어 있어 이 공간은 洗面所라고 불러요.

Track013

★은 꼭 알아야 할 일상 필수 어휘입니다.

이불 ★ ふ とん **布団**	이불을 깔아 주세요. ふ とん し 布団を敷いてください。
베개 まくら **枕**	베개는 낮은 편이 좋습니다. まくら ひく ほう 枕は低い方がいいです。
담요 もう ふ **毛布**	조금 춥기 때문에 담요를 갖고 오겠습니다. すこ さむ もう ふ も 少し寒いので、毛布を持ってきます。
칫솔 は **歯ブラシ**	칫솔은 한달에 하나 교환합니다. は いっ か げつ いっぽんこうかん 歯ブラシは１ヶ月に１本交換します。 ❗ 歯(이)+ブラシ(브러시)
치약 は みが こ **歯磨き粉**	치약은 드러그 스토어에서도 살 수 있습니다. は みが こ か 歯磨き粉はドラッグストアでも買えます。 ❗ 歯(이)+磨き(닦기)+粉(가루)
비누 **せっけん**	비누로 머리를 감아도 됩니까? かみ あら せっけんで髪を洗ってもいいですか。
화장지 **トイレット ペーパー**	이 화장지는 물에 녹습니다. みず と このトイレットペーパーは水に溶けます。 ➕ ティッシュペーパー 갑티슈

우산
かさ
傘

비가 옵니다만 우산이 없습니다.

あめ　　　　かさ
雨だけど、傘がありません。

かさ た
➕ 傘立て 우산 꽂이

시계
と けい
時計

시계의 시각을 6시로 맞춥니다.

と けい　じ こく　ろく じ　あ
時計の時刻を６時に合わせます。

신문
しん ぶん
新聞

신문을 읽지 않는 사람이 늘고 있습니다.

しんぶん　よ　　　　ひと　ふ
新聞を読まない人が増えています。

잡지
ざっ し
雑誌

인터뷰 기사가 잡지에 실려 있습니다.

き じ　ざっ し　の
インタビュー記事が雑誌に載っています。

종이 박스
だん
段ボール

종이 박스를 끈으로 묶어 주세요.

だん　　　　　　　むす
段ボールをひもで結んでください。

はこ
➕ 箱 상자

거울
かがみ
鏡

현관에 거울을 두는 것은 좋지 않다는 것 같습니다.

げんかん　かがみ　お
玄関に鏡を置くのはよくないらしいです。

て かがみ
➕ 手鏡/コンパクトミラー 손거울

쓰레기통
ばこ
ゴミ箱

쓰레기통에서 싫은 냄새가 납니다.

ばこ　　　いや　にお
ゴミ箱から嫌な臭いがします。

ぶくろ
➕ ゴミ袋 쓰레기봉투

일본어 단어, 궁금해요!

Q だん
段ボール의 어원이 궁금해요.

A 段은 階段(계단)에서 왔어요. 종이 박스의 단면이 마치 계단 같아 붙여진 이름이에요. ボール는 종이 박스의 재질인 ボール紙(판지)를 의미해요.

14° 가사 및 에너지

Track014

★은 꼭 알아야 할 일상 필수 어휘입니다.

가사, 집안일 ★
かじ
家事

주말은 남편과 함께 가사를 합니다.
しゅうまつ　おっと　いっしょ　かじ
週末は夫と一緒に家事をします。

맞벌이
ともばたら
共働き

맞벌이라서 가사는 분담하고 있습니다.
ともばたら　　　　　かじ　ぶんたん
共働きなので、家事は分担しています。

청소 ★
そうじ
掃除

청소를 할 때에는 높은 곳에서부터 시작합니다.
そうじ　　　　　　たか　ばしょ　はじ
掃除をするときは、高い場所から始めます。
おおそうじ
➕ 大掃除 대청소

정리 ★
かたづ
片付け

친구에게 집 정리를 도움 받았습니다.
ともだち　いえ　かたづ　　てつだ
友達に家の片付けを手伝ってもらいました。
せいり
➕ 整理 정리

세탁, 빨래 ★
せんたく
洗濯

스웨터가 빨래 때문에 줄어들어 버렸습니다.
せんたく　ちぢ
セーターが洗濯で縮んでしまいました。
もの ほ
➕ 物干し (빨래) 건조

설거지 ★
さらあら
皿洗い

레스토랑에서 설거지 아르바이트를 시작했습니다.
さらあら　　　　　　はじ
レストランで皿洗いバイトを始めました。
しょっきあら
➕ 食器洗い 설거지

다림질
アイロンがけ

셔츠의 다림질을 하는 것은 귀찮습니다.
めんどう
シャツのアイロンがけをするのは面倒です。

육아
こ そだ
子育て

육아는 힘들지만 행복합니다.

こ そだ たいへん しあわ
子育ては大変だけど、幸せです。

➕ 育児 육아(유아기 아이를 돌봄)

돌봄 ★
せ わ
世話

나는 매일 아침 고양이를 돌봅니다.

わたし まいあさねこ せ わ
私は毎朝猫の世話をします。

➕ 世話をする 돌보다, 보살펴주다 ➕ 世話になる 신세를 지다

분리수거
ぶん べつ
ゴミの分別

분리수거는 지역마다 다릅니다.

ぶんべつ ち いき こと
ゴミの分別は地域によって異なります。

➕ ゴミ出し 쓰레기 배출

수도
すい どう
水道

수도에서 갈색 물이 나옵니다.

すいどう ちゃいろ みず で
水道から茶色い水が出ます。

냉방
れい ぼう
冷房

냉방을 켠 채로 자버렸습니다.

れいぼう ね
冷房をつけたまま寝てしまいました。

난방
だん ぼう
暖房

난방 온도를 올려 주세요.

だんぼう おん ど あ
暖房の温度を上げてください。

전기
でん き
電気

이 기계는 전기로 움직입니다.

き かい でん き うご
この機械は電気で動きます。

명사

🐡 **일본어 단어, 궁금해요!**

かた づ せい り
Q '정리'를 뜻하는 片付け와 整理의 차이가 궁금해요.

かた づ
A 片付け의 경우 주로 사용한 것을 본래 있던 자리에 되돌려 놓는다는 의미로 사용하고,
せい り
整理의 경우 주로 필요한 것과 불필요한 것을 나누어 처리한다는 의미로 사용해요.

강의 보기

15° 가전/가구

Track015

★은 꼭 알아야 할 일상 필수 어휘입니다.

가전 ★
かでん
家電

가전은 재활용 가게에서 살까요?
かでん か
家電はリサイクルショップで買いましょうか。

세탁기 ★
せんたくき
洗濯機

세탁기에 빨랫감을 넣습니다.
せんたくき せんたくもの い
洗濯機に洗濯物を入れます。

❶ 명사+機 ~하는 기계(주로 모터를 사용하는 기계)
せんたくき まわ
➕ 洗濯機を回す 세탁기를 돌리다

건조기
かんそうき
乾燥機

장마철에 건조기는 의지가 됩니다.
つゆ じき かんそうき たよ
梅雨の時期、乾燥機は頼りになります。

청소기 ★
そうじき
掃除機

밤에는 청소기를 돌리지 말아 주세요.
よる そうじき
夜は掃除機をかけないでください。

そうじき そうじき
➕ 掃除機をかける 청소기를 돌리다 ➕ ロボット掃除機 로봇 청소기

정수기
**ウォーター
サーバー**

정수기로 뜨거운 물도 사용할 수 있습니다.
ゆ つか
ウォーターサーバーでお湯も使えます。

가습기
かしつき
加湿器

가습기가 필요한 것은 겨울뿐만이 아닙니다.
かしつき ひつよう ふゆ
加湿器が必要なのは冬だけじゃありません。

❶ 명사+器 ~하는 기계(주로 모터를 사용하지 않는 기계)

밥솥
すいはんき
炊飯器

밥솥으로 밥 이외의 디저트도 만들 수 있습니다.
すいはんき はんいがい つく
炊飯器でご飯以外のスイーツも作れます。

でんきすいはんき
➕ 電気炊飯器 전기밥솥

전자레인지
でん し
電子レンジ

냉동밥을 전자레인지로 데웁니다.
れいとう はん でん し あた
冷凍ご飯を電子レンジで温めます。

전기 포트
でん き
電気ケトル

전기 포트는 물을 끓이는데 편리합니다.
でん き ゆ わ べん り
電気ケトルはお湯を沸かすのに便利です。

컴퓨터 ⭐
パソコン

이 호텔에서는 컴퓨터를 무료로 사용할 수 있습니다.
む りょう つか
このホテルではパソコンが無料で使えます。

❗ パーソナルコンピュータ의 줄임말

가구 ⭐
か ぐ
家具

이사해서 가구를 새로 샀습니다.
ひ こ か ぐ か か
引っ越しで家具を買い替えました。

화장대
ドレッサー

화장대에 전구를 달고 싶습니다.
ドレッサーにライトをつけたいです。

접이식 좌식 밥상
だい
ちゃぶ台

여동생은 접이식 좌식 밥상에서 공부하고 있습니다.
いもうと だい べんきょう
妹はちゃぶ台で勉強しています。

책장 ⭐
ほん だな
本棚

책장에 많은 책이 있습니다.
ほんだな ほん
本棚にたくさんの本があります。

❗ ほん たな
本(책)+棚(선반)

🍇 **일본어 단어, 궁금해요!**

Q 컴퓨터를 コンピュータ라고도 하는지 궁금해요.

A コンピュータ도 '컴퓨터'를 의미해요. 우리가 알고 있는 컴퓨터, 노트북 이외에 전자계산기, 스마트폰까지 넓은 의미의 컴퓨터에 해당해요. 반면 パソコン은 개인용 컴퓨터를 의미하므로 가정 내에 있는 컴퓨터나 노트북을 가리켜요.

Track016

★은 꼭 알아야 할 일상 필수 어휘입니다.

초등학교
しょうがっこう
小学校 ★

초등학교 3학년부터 영어를 배웁니다.

しょうがっこうさんねんせい　えいご　まな
小学校３年生から英語を学びます。

❗ しょとうがっこう
　初等学校(X)

중학교
ちゅうがっこう
中学校 ★

중학교 때는 빨리 달릴 수 있었습니다.

ちゅうがっこう　とき　はし
中学校の時ははやく走れました。

➕ ちゅうがくせい 中学生 중학생　➕ ちゅうがくじだい 中学時代 중학생 시절

고등학교
こうこう
高校 ★

고등학교 시절부터 일본어를 공부했습니다.

こうこうじだい　にほんご　べんきょう
高校時代から日本語を勉強しました。

❗ こうとうがっこう
　高等学校(고등학교)의 줄임말

아동
じどう
児童

아동문학을 추천합니다.

じどうぶんがく
児童文学をおすすめします。

❗ 주로 초등학생을 의미

학생
せいと
生徒

그는 우수한 고등학교의 학생입니다.

かれ　ゆうしゅう　こうこう　せいと
彼は優秀な高校の生徒です。

❗ 주로 중, 고등학생을 의미

부 활동
ぶかつ
部活

부 활동을 통해서 팀워크를 배웠습니다.

ぶかつ　とお　まな
部活を通してチームワークを学びました。

❗ ぶかつどう
　部活動(부 활동)의 줄임말

공부
べんきょう
勉強 ★

내일은 쪽지 시험이 있어서 공부하겠습니다.

あした　しょう　べんきょう
明日は小テストがあるので、勉強します。

시험
しけん
試験

곧 자격증 시험이 있습니다.
しかく しけん
もうすぐ資格試験があります。
しけん う
➕ 試験を受ける 시험을 보다　➕ 試験に受かる 시험에 합격하다

수업
じゅぎょう
授業

수업에 집중해 주세요.
じゅぎょう しゅうちゅう
授業に集中してください。
じゅぎょう う
➕ 授業を受ける 수업을 듣다

숙제
しゅくだい
宿題

숙제를 끝내고 TV를 봅니다.
しゅくだい お み
宿題を終わらせて、テレビを見ます。

복습
ふくしゅう
復習

복습이 무엇보다 중요합니다.
ふくしゅう なに だいじ
復習が何より大事です。
よしゅう
➕ 予習 예습

교실
きょうしつ
教室

교실에는 아무도 없습니다.
きょうしつ だれ
教室には誰もいません。

도서관
としょかん
図書館

책을 빌리러 도서관에 갈 생각입니다.
ほん か としょかん い
本を借りに図書館に行くつもりです。

여름방학
なつやす
夏休み

여름방학이나 겨울방학에 대만에 갈 예정입니다.
なつやす ふゆやす たいわん い よてい
夏休みか冬休みに台湾に行く予定です。
ふゆやす ひるやす
➕ 冬休み 겨울방학　➕ 昼休み 점심 휴식

명사

🐂 **일본어 단어, 궁금해요!**

Q じどう せいと がくせい
児童, 生徒, 学生의 정확한 구분이 궁금해요.

A 초등학생은 児童, 중학생부터 고등학생까지는 生徒, 대학생은 学生라고 불러요. 대학생
이외에 무언가를 배우는 사람도 모두 学生라고 해요.

강의 보기

★은 꼭 알아야 할 일상 필수 어휘입니다.

대학, 대학교 ★
だいがく
大学

대학에 합격해서 매우 기뻤습니다.
だいがく　ごうかく
大学に合格して、とてもうれしかったです。

❗ だいがっこう
大学校는 국가 행정 기관의 부속 교육 기관을 의미

대학생 ★
だいがくせい
大学生

이제 막 대학생이 되었습니다.
だいがくせい
大学生になったばかりです。

➕ だいがくいんせい
大学院生 대학원생

교수(님)
きょうじゅ
教授

교수님께 리포트를 제출했습니다.
きょうじゅ　　　　　　　　ていしゅつ
教授にレポートを提出しました。

❗ きょうじゅさま
教授様(X)

입학 ★
にゅうがく
入学

입학 후, 열심히 하고 싶은 것은 무엇입니까?
にゅうがくご　がんば　　　　　　　　なん
入学後頑張りたいことは何ですか。

➕ きゅうがく 休学 휴학　➕ たいがく 退学 퇴학

졸업 ★
そつぎょう
卒業

대학을 졸업하고 바로 취직했습니다.
だいがく　　そつぎょう　　　　　　しゅうしょく
大学を卒業してすぐに就職しました。

➕ そつぎょうしき 卒業式 졸업식　➕ にゅうがくしき 入学式 입학식

1학기
ぜんき
前期

1학기와 2학기의 일정을 알려 주세요.
ぜんき　　こうき　　にってい　おし
前期と後期の日程を教えてください。

➕ こうき 後期 2학기

공강
あ
空きコマ

공강을 이용해서 리포트를 작성합니다.
あ　　　　　　りよう　　　　　　　　さくせい
空きコマ・を利用してレポートを作成します。

❗ こま
コマは 小間(짬, 틈)을 카타카나로 표기한 것

동아리

サークル

그는 독서 동아리에 참가하고 있습니다.

彼は読書サークルに参加しています。

1교시

1限目

1교시는 필수 과목이 들어가 있다.

１限目は必修科目が入っている。

❗ １時限目라고도 함

출석 ⭐

出席

전원 출석했네요.

全員出席しましたね。

➕ 欠席 결석

지각 ⭐

遅刻

늦잠 자서 지각해 버렸습니다.

寝坊して遅刻してしまいました。

전공

専攻

전공을 살려서 일하고 싶습니다.

専攻を活かして仕事したいです。

연구

研究

그녀는 환경에 대한 연구를 하고 있습니다.

彼女は環境についての研究をしています。

학점

単位

대학 졸업을 위한 학점이 부족합니다.

大学卒業のための単位が足りないです。

➕ 単位を取る 학점을 따다

명사

강의 보기

Track018

★은 꼭 알아야 할 일상 필수 어휘입니다.

연필 ★
えんぴつ
鉛筆

이 시험에서는 연필밖에 사용할 수 없습니다.

この試験では、鉛筆しか使えません。

❶ 筆箱 필통

샤프펜슬
シャーペン

쓰기 편한 샤프펜슬을 소개합니다.

書きやすいシャーペンを紹介します。

❶ 일본 사람에게 シャープ라고 하면 일본 기업인 SHARP를 연상

형광펜
けいこう
蛍光ペン

형광펜으로 선을 긋습니다.

蛍光ペンで線をひきます。

지우개 ★
け
消しゴム

틀렸다면 지우개를 사용해서 지우자.

間違えてしまったら消しゴムを使って消そう。

❶ 消す(지우다)+ゴム(고무)

수정테이프
しゅうせい
修正テープ

수정테이프를 사용해서 고칩니다.

修正テープを使って直します。

가위 ★
はさみ

가위를 사용할 때에 주의해 주세요.

はさみを使うときに気をつけてください。

칼
カッター

칼에 손을 베었다.

カッターで指を切った。

풀
のり
풀을 여기에 발라 주세요.

のりをここにつけてください。

자
定規
자로 길이를 잽니다.

定規で長さをはかります。

줄자
メジャー
줄자를 사용해서 반지의 사이즈를 잽니다.

メジャーを使って指輪のサイズをはかります。

스테이플러
ホッチキス
서류를 스테이플러로 고정합니다.

書類をホッチキスでとめます。

❗ ホッチキス針 스테이플러심

전자계산기
電卓
어려운 계산은 전자계산기를 사용합니다.

難しい計算は電卓を使います。

박스 테이프
布テープ
종이 박스에 박스 테이프를 붙입니다.

段ボールに布テープをはります。

❗ 청테이프와 같은 직물로 만든 테이프

멀티탭
電源タップ
멀티탭에서 불꽃이 튀었습니다.

電源タップから火花が出てきました。

스탠드
デスクライト
눈이 편한 스탠드를 찾고 있습니다.

目に優しいデスクライトを探しています。

19° 취직/퇴직

Track019

★은 꼭 알아야 할 일상 필수 어휘입니다.

취업 준비 활동
しゅうかつ
就活

최근에는 취업 준비 활동으로 바쁩니다.

さいきん　しゅうかつ　いそが
最近は就活で忙しいです。

❗ しゅうしょくかつどう
就職活動(취업활동)의 줄임말

이력서
り れきしょ
履歴書

이력서는 글로 본인을 어필하는 서류입니다.

り れきしょ　ぶんしょう　じ ぶん　　　　　　　しょるい
履歴書は文章で自分をアピールする書類です。

❗ エントリーシート 지원서

면접
めん せつ
面接

면접에서 긴장해서 잘 대답하지 못했습니다.

めんせつ　きんちょう　う ま　こた
面接で緊張して上手く答えられませんでした。

설명회
せつ めい かい
説明会

회사 설명회에 참가했습니다.

かいしゃせつめいかい　さん か
会社説明会に参加しました。

내정
ない てい
内定

내정을 받고 고민하고 있습니다.

ないてい　　　　　ま よ
内定をもらって迷っています。

❗ 졸업 전 취업을 확정하는 것을 의미

입사
にゅうしゃ
入社

입사하고 좋았던 점은 무엇입니까?

にゅうしゃ　　　　　　　　　　なん
入社してよかったことは何ですか。

취직
しゅうしょく
就職

취직하고 나서 금방 그만두는 젊은이가 늘고 있습니다.

しゅうしょく　　　　　　　　や　　わかもの　ふ
就職してからすぐ辞める若者が増えています。

퇴직, 퇴사 ⭐
たいしょく
退職

이번에 회사를 퇴사하게 되었습니다.
たび　　かいしゃ　たいしょく
この度、会社を退職することになりました。
たいしゃ
➕ 退社 퇴근, 퇴사

이직
てんしょく
転職

전혀 다른 일로 이직했습니다.
まった　ちが　しごと　てんしょく
全く違う仕事に転職しました。
いしょく
❗ 移職(X)

스카우트
ひ　　ぬ
引き抜き

우수한 인재를 스카우트합니다.
ゆうしゅう　じんざい　ひ　ぬ
優秀な人材を引き抜きします。

낙하산
あまくだ
天下り

낙하산인 주제에 일도 못합니다.
あまくだ　　　　　　しごと
天下りのくせに仕事もできないです。

정리 해고
リストラ

정리 해고 당해서 시골로 돌아갔습니다.
いなか　かえ
リストラされて田舎に帰りました。

파업
ストライキ

파업을 행사할 권리가 있습니다.
おこな　けんり
ストライキを行う権利があります。
❗ 줄여서 スト라고도 함

대기업
おおて　きぎょう
大手企業

대기업에 취직을 목표로 하고 있습니다.
おおて　きぎょう　しゅうしょく　めざ
大手企業への就職を目指しています。
だい きぎょう
❗ 大企業는 중소기업기준법상 중소기업의 규모를 초과한 기업을 의미
ちゅうしょう き ぎょう
➕ 中小企業 중소기업

명사

🐌 **일본어 단어, 궁금해요!**

Q　退社와 退職의 차이가 궁금해요.

A　退社는 주로 '퇴근'을 의미해요. 물론 회사를 그만둔다는 의미로도 쓸 수 있지만, 그 경우에는 주로 退職를 사용해요. 退社의 반의어는 出勤(출근), 退職의 반의어는 入社(입사)라는 것도 함께 알아 두세요.

강의 보기

★은 꼭 알아야 할 일상 필수 어휘입니다.

일, 업무
しごと
仕事 ★

매일 일이 바빠서 힘듭니다.
まいにち し ごと いそが たいへん
毎日仕事が忙しくて大変です。

잔업, 야근
ざんぎょう
残業 ★

야근이 많아서 그만두고 싶습니다.
ざんぎょう おお や
残業が多いので辞めたいです。

➕ ぎょう む 業務 업무

사전 협의
うち あわ
打合せ

사전 협의에서 이야기했습니다.
うちあわ はな あ
打合せで話し合いました。

➕ う あ 打ち合わせる 미리 의논하다, 협의하다

출장
しゅっちょう
出張 ★

담당자는 출장으로 부재중입니다.
たんとうしゃ しゅっちょう ふ ざい
担当者は出張で不在です。

➕ そとまわ 外回り 외근

거래처
とり ひき さき
取引先 ★

거래처에 간단한 선물을 들고 갑니다.
とりひきさき て みやげ も
取引先に手土産を持っていきます。

❶ 행위/동작의 명사+先 행위/동작이 이루어 지는 장소

서류
しょるい
書類 ★

부장 책상 위에 서류를 두었습니다.
ぶ ちょう つくえ うえ しょるい お
部長の机の上に書類を置いておきました。

회의
かい ぎ
会議 ★

이제 회의를 시작하도록 하겠습니다.
かい ぎ はじ おも
これから会議を始めたいと思います。

➕ かい ぎ ちゅう 会議中 회의중 ➕ かい ぎ しつ 会議室 회의실

화상 회의
ウェブ かい ぎ
Web会議

많은 회사가 화상 회의를 활용합니다.
おお　　かいしゃ　ウェブ かい ぎ　かつよう
多くの会社がWeb会議を活用します。

➕ テレビ会議 화상 회의(회의를 하기 위한 장치가 필요)

재택근무
テレワーク

재택근무로 점점 살찌고 있습니다.
ふと
テレワークでどんどん太っています。

상사 ⭐
じょう し
上司

오늘 직장에서 상사에게 혼났습니다.
きょう しょく ば　じょう し　しか
今日職場で上司に叱られました。

➕ 部下 부하 직원

갑질
パワハラ

갑질은 사회 문제가 되고 있습니다.
しゃかいもんだい
パワハラは社会問題となっています。

❗ パワ(power, 힘)+ハラ(harassment, 괴롭힘)

급여, 월급
きゅうりょう
給料

급여의 반은 저금합니다.
きゅうりょう　はんぶん　ちょきん
給料の半分は貯金します。

승진
しょうしん
昇進

부장으로의 승진 축하합니다.
ぶ ちょう　しょうしん
部長へのご昇進、おめでとうございます。

휴가
きゅう か
休暇

휴가를 얻어서 오키나와에 다녀왔습니다.
きゅう か　と　おきなわ　い
休暇を取って沖縄に行ってきました。

➕ 休憩 휴게, 휴식

🍇 **일본어 단어, 궁금해요!**

Q パワハラ처럼 ハラ가 붙는 단어가 궁금해요.

A ハラ는 상대방을 불쾌하게 하거나 괴롭힘, 공격에 해당하는 행위를 의미해요. 앞에 괴롭힘에 해당하는 단어를 붙여 「○○ハラ」라고 하는데, 주로 4글자예요. パワハラ 외에 セクハラ(성희롱), モラハラ(정신적 학대), アルハラ(음주 강요) 등이 있어요.

📱 회화 Talk!

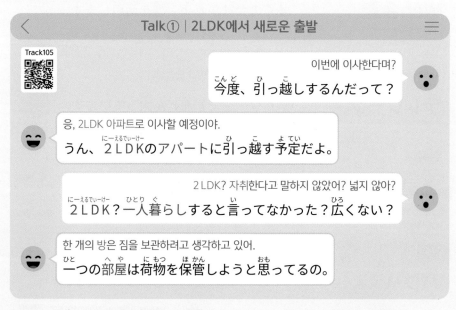

Talk① | 2LDK에서 새로운 출발

Track105

> 이번에 이사한다며?
> 今度、引っ越しするんだって？

> 응, 2LDK 아파트로 이사할 예정이야.
> うん、２ＬＤＫのアパートに引っ越す予定だよ。

> 2LDK? 자취한다고 말하지 않았어? 넓지 않아?
> ２ＬＤＫ？一人暮らしすると言ってなかった？広くない？

> 한 개의 방은 짐을 보관하려고 생각하고 있어.
> 一つの部屋は荷物を保管しようと思ってるの。

New 단어 今度 이번, 다음 引っ越し 이사 予定 예정 言う 말하다 広い 넓다 荷物 짐 保管 보관
思う 생각하다

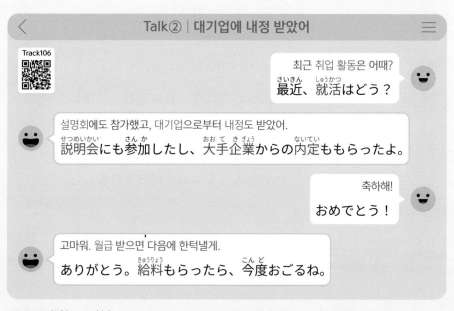

Talk② | 대기업에 내정 받았어

Track106

> 최근 취업 활동은 어때?
> 最近、就活はどう？

> 설명회에도 참가했고, 대기업으로부터 내정도 받았어.
> 説明会にも参加したし、大手企業からの内定ももらったよ。

> 축하해!
> おめでとう！

> 고마워. 월급 받으면 다음에 한턱낼게.
> ありがとう。給料もらったら、今度おごるね。

New 단어 最近 최근 参加 참가 もらう 받다 おごる 한턱내다

Track107

방의 배치를 바꾸고 싶은데, 좋은 아이디어 없을까?

部屋の間取りを変えたいけど、いいアイデアないかな？

어떤 식으로 바꾸려고 하고 있어?

どんな風に変えようと思ってるの？

아늑한 방으로 하고 싶은데 말이지.

居心地の良い部屋にしたくてね。

리빙 잡지라든지 참고해 보면 어때?

リビング雑誌とか参考にしてみたらどう？

New 단어　変える 바꾸다　いい 좋다　アイデア 아이디어　〜風 ~식, ~풍　居心地 아늑함(어떤 장소·지위에 있을 때의 느낌이나 기분)　参考 참고

Track108

상사 때문에 부서의 평가가 떨어져서 승진을 못했어.

上司のせいで部署の評価が下がって、昇進できなかった。

어? 왜 그렇게 된 거야?

え？どうしてそんなことになったの？

상사의 갑질이 원인이야.

上司のパワハラが原因でね。

그거 정말 심하네. 팀 전체가 영향을 받다니….

それは本当にひどいね。チーム全体が影響を受けるなんて…。

New 단어　部署 부서　評価 평가　下がる 떨어지다　原因 원인　本当に 정말　ひどい 심하다　影響 영향　受ける 받다

Chapter 2

일상생활 속

명사.zip (2)

명사는 사물이나 사람, 장소 등의 이름을 나타내며 문장을 구성하는 핵심 요소예요. 명사를 많이 알고 있으면 다양한 주제에 대해 이야기할 수 있어 일본어 어휘력을 키우는 데 필수적이에요.

건강하게 즐기는 일상의 맛과 멋

Track021

★은 꼭 알아야 할 일상 필수 어휘입니다.

건강
けんこう
健康 ★

무엇보다 건강이 제일입니다.

なに　　　けんこう　　いちばん
何より健康が一番です。

안색, 얼굴 빛
かおいろ
顔色 ★

안색이 안 좋은데 쉬는 게 어때요?

かおいろ　　わる　　　　やす
顔色が悪いですが、休んだらどうですか。

❗ 顔(얼굴)+色(색)

상태, 컨디션
たいちょう
体調 ★

컨디션이 안 좋아서 일찍 집에 돌아갔습니다.

たいちょう　わる　　　　はや　　　いえ　　かえ
体調が悪くて、早めに家に帰りました。

➕ 具合 상태, 컨디션

증상
しょうじょう
症状

의사에게 증상을 설명합니다.

い しゃ　しょうじょう　せつめい
医者に症状を説明します。

기운, 기력, 원기
げん き
元気 ★

기운이 나지 않는 날이 있어도 괜찮습니다.

げん き　　で　　　ひ
元気が出ない日があってもいいです。

➕ お元気ですか 잘 지내요?(안부인사)

병
びょう き
病気 ★

병에 걸린 본인이 제일 힘듭니다.

びょう き　　　　　ほんにん　　いちばんくる
病気になった本人が一番苦しいです。

감기
か ぜ
風邪 ★

감기에 걸려서 기침이 멈추지 않습니다.

か ぜ　　　　　せき　と
風邪をひいて咳が止まりません。

➕ 風邪をひく 감기에 걸리다

열
ねつ
熱 ★

열이 있어서 학교를 쉬었습니다.
ねつ　　　　　がっこう　やす
熱があって学校を休みました。

⊕ 熱が出る 열이 나다

약
くすり
薬 ★

약을 먹고 푹 쉬세요.
くすり　の　　　　　　　　　やす
薬を飲んでゆっくり休んでください。

⊕ 薬を飲む 약을 먹다('마시다'에 해당하는 飲む를 사용)

부상
ケガ ★

부상 때문에 생각대로 움직일 수가 없습니다.
　　　　　おも　　　　　うご
ケガで、思うように動けません。

❗ 비교적 큰 상처와 부상을 의미

상처
きず
傷 ★

상처에 반창고를 붙입니다.
きず　　　　　　　　　　は
傷にバンドエイドを貼ります。

❗ 비교적 작은 상처나 마음의 상처를 의미

현기증
めまい

갑자기 일어서면 현기증이 납니다.
きゅう　た　あ
急に立ち上がるとめまいがします。

⊕ めまいがする 현기증이 나다

설사
げ　り
下痢

설사가 멈추지 않아서 병원에 갔습니다.
げ　り　と　　　　　　　　　びょういん　い
下痢が止まらなくて、病院に行きました。

열사병
ねっちゅうしょう
熱中症

여름에는 열사병 등 몸 상태를 해치기 쉽다.
なつ　　ねっちゅうしょう　　　　たいちょう　くず
夏は熱中症など、体調を崩しやすい。

🐳 일본어 단어, 궁금해요!

Q '상태', '컨디션'을 뜻하는 体調와 具合의 차이가 궁금해요.
　　　　　　　　　　　　たいちょう　　ぐあい

A 体調는 한자 그대로 몸의 건강 상태를 의미해요. 사람에게만 사용하며, 물건에는 쓸 수
　　 たいちょう
　　 없어요. 반면 具合는 물건에도 사용할 수 있어요. 건강 상태뿐만 아니라, 상황/넓은 의
　　 미의 상태 등 다양하게 활용해요.

강의 보기

★은 꼭 알아야 할 일상 필수 어휘입니다.

병원 ★ びょういん 病院	코피가 멈추지 않아서 병원에 갔습니다. はなぢ と びょういん い 鼻血が止まらなくて、病院に行きました。 み ＋ 診る 진찰하다
접수처 うけ つけ 受付	접수처는 3층에 있습니다. うけつけ さんがい 受付は３階にあります。
보험증 ほ けんしょう 保険証	보험증을 병원 창구에 제출합니다. ほ けんしょう びょういん まどぐち ていしゅつ 保険証を病院の窓口に提出します。
치료 ち りょう 治療	안심하고 치료를 받아 주세요. あんしん ち りょう う 安心して治療を受けてください。 なお なお ＋ 治す 고치다, 치료하다 ＋ 治る 낫다, 치료되다
입원 ★ にゅういん 入院	이제 막 퇴원했는데 또 입원입니까? たいいん にゅういん 退院したばかりなのに、また入院ですか。 たいいん ＋ 退院 퇴원
수술 ★ しゅじゅつ 手術	수술에 어느 정도의 비용이 듭니까? しゅじゅつ ひ よう 手術にどのくらいの費用がかかりますか。
처방전 しょ ほう 処方せん	처방전 없이 살 수 있는 약은 무엇입니까? しょほう か くすり なん 処方せんなしで買える薬は何ですか。

병문안
お見舞い

병문안에 꽃을 가져 가는 것은 안됩니다.

お見舞いに花を持っていくのはダメです。

간병, 간호
看病

아픈 남편을 밤새 간호했습니다.

病気の夫を徹夜で看病しました。

명사

응급실
救命救急センター

고열이 나면 응급실에 간다.

高熱が出ると救命救急センターに行く。

구급차
救急車

누가 당장 구급차를 불러 주세요!

誰か今すぐ救急車を呼んでください！

부작용
副作用

부작용이 나타날 수도 있습니다.

副作用が出る恐れもあります。

링거, 수액
点滴

몸 상태가 나빠서 링거를 맞고 왔습니다.

具合が悪くて、点滴を打ってきました。

➕ リンゲル 링거, 수액

건강검진
人間ドック

건강검진에서 병을 발견했습니다.

人間ドックで病気を発見しました。

➕ 健康診断 건강검진

🌀 **일본어 단어, 궁금해요!**

Q '건강검진'을 뜻하는 人間ドック와 健康診断의 차이가 궁금해요.

A 健康診断은 연령에 따른 일반적인 검진으로 기업에 근무하고 있는 경우 노동안전위생
법에 의거하여 의무적으로 받아야 해요. 人間ドック는 개인적으로 하는 검사 항목이 보
다 많고 세밀한 검사를 의미해요.

강의 보기

23° 장소

★은 꼭 알아야 할 일상 필수 어휘입니다.

장소
場所
ば しょ
⭐

집합 장소를 몰라서 늦었다.
集合場所が分からなくて、遅れた。
しゅうごう ば しょ　わ　　　　　　おく

➕ 所 장소, ~(하는) 곳, ~(하는) 데
ところ

건물
建物
たて もの
⭐

저 건물은 20년 전에 지어졌습니다.
あの建物は20年前に建てられました。
たてもの　にじゅうねんまえ　た

길
道
みち
⭐

길치라서 길을 잘 잃습니다.
方向音痴なので、道によく迷います。
ほうこうおん ち　　　　　　みち　　　まよ

➕ 近道 지름길 ➕ 小道 샛길
ちかみち　　　　　こ みち

우체국
郵便局
ゆう びんきょく
⭐

우체국을 이용해서 소포나 서류를 보냅니다.
郵便局を利用して小包や書類を送ります。
ゆうびんきょく　りよう　　こ づつみ　しょるい　おく

공원
公園
こう えん
⭐

매일 아침 근방의 큰 공원을 산책합니다.
毎朝、近所の大きな公園を散歩します。
まいあさ　きんじょ　おお　　　こうえん　さん ぽ

❗ パークも 공원을 뜻하지만 주로 유원지를 먼저 연상

서점
本屋
ほん や
⭐

서점에서 서서 책을 읽어도 됩니까?
本屋で立ち読みをしてもいいですか。
ほん や　た　　よ

❗ 명사+屋 ~파는 가게, ~판매하는 사람, ~성질을 가진 사람
や

꽃 가게
花屋
はな や
⭐

꽃 가게에 장미가 없었습니다.
花屋にバラがありませんでした。
はな や

➕ 魚屋 생선 가게 ➕ パン屋 빵 가게
さかな や

영화관
えい が かん
映画館 ★

영화관에서 현재 상영하고 있는 작품은 무엇입니까?

映画館で現在上映している作品は何ですか。
えい が かん　げんざいじょうえい　　　　　　　　さくひん　なん

❗ 명사+館 ~관(공공 건물을 의미)
かん

미술관
び じゅつかん
美術館 ★

미술관에서 전 세계의 그림을 볼 수 있습니다.

美術館で世界中の絵を見ることができます。
び じゅつかん　せ かいじゅう　え　み

명사

동물원
どう ぶつ えん
動物園 ★

그 동물원에는 판다도 있습니다.

その動物園にはパンダもいます。
どうぶつえん

➕ サファリパーク 샤파리 파크, 자연 동물원

파출소
こう ばん
交番 ★

파출소는 지역의 안전을 지키는 활동을 합니다.

交番は地域の安全を守る活動をします。
こうばん　ち いき　あんぜん　まも　かつどう

과일·채소 가게
せい か てん
青果店 ★

과일·채소 가게에서는 채소도 과일도 팔고 있습니다.

青果店では野菜も果物も売っています。
せい か てん　や さい　くだもの　う

➕ 八百屋 채소 가게
や おや

상점가
しょうてん がい
商店街 ★

상점가에서 식도락을 즐기고 싶습니다.

商店街で食べ歩きしたいです。
しょうてんがい　た　ある

➕ アーケード 길 위에 지붕을 씌운 상점가

근처
ちか
近く ★

역 근처에 살고 있어서 편리합니다.

駅の近くに住んでいて便利です。
えき　ちか　す　べん り

➕ 近所 근처　➕ 周り 주변
きんじょ　　　　まわ

🐷 일본어 단어, 궁금해요!

Q '장소'를 뜻하는 場所와 所의 차이가 궁금해요.
きんじょ　　とこ

A 場所는 구체적인 장소나 위치를 가리킬 때 사용해요. 반면 所는 추상적인 장소(아름다
ば しょ
운 곳, 넓은 곳 등)와 상황, 상태 등을 나타낼 수 있답니다.

강의 보기

(24) 미용실

★은 꼭 알아야 할 일상 필수 어휘입니다.

미용실
びようしつ
美容室

미용실은 2개월에 한 번 정도 갑니다.

びようしつ に かげつ いっかい い
美容室は２ヶ月に１回ぐらい行きます。

➕ とこや **床屋** 이발소 ➕ びようし **美容師** 미용사

완전 예약제
かんぜん よ やくせい
完全予約制

완전 예약제이기 때문에 인터넷으로 예약해 주세요.

かんぜん よ やくせい ウェブ よやく
完全予約制なので、Webでご予約ください。

지명
し めい
指名

미용실에서 지명하면 돈이 듭니다.

びようしつ しめい かね
美容室で指名するとお金がかかります。

❗ 특정 미용사를 선택하는 것을 의미

머리카락
かみ
髪

머리카락을 싹둑 잘랐습니다.

かみ き
髪をバッサリ切りました。

➕ かみ け **髪の毛** 머리카락

헤어스타일
かみ がた
髪型

스스로에게 어울리는 헤어스타일을 모르겠습니다.

じぶん に あ かみがた わ
自分に似合う髪型が分かりません。

앞머리
まえ がみ
前髪

앞머리를 조금만 잘라 주세요.

まえがみ すこ き
前髪を少しだけ切ってください。

탈색
ブリーチ

탈색을 하지 않는 편이 머리카락이 상하지 않습니다.

ほう かみ け いた
ブリーチをしない方が髪の毛が傷みません。

❗ 우리나라의 브릿지 염색과는 다른 의미

염색

カラー

염색한 날에 샴푸는 하지 않습니다.

カラーした日_ひにシャンプーはしません。

뿌리 염색

リタッチ

뿌리 염색을 하지 않으면 머리가 지저분해 보입니다.

リタッチをしないと、髪_{かみ}が汚_{きたな}く見_みえます。

새치 염색

白髪染め _{しら が ぞ}

새치 염색을 했더니 젊어 보인다고 들었다.

白髪染_{しらがぞ}めをしたら、若_{わか}く見_みえると言_いわれた。

❗ 白髪_{しらが}(흰머리)+染_そめ(염색)

드라이

ブロー

미용실에서 대체로 마지막에 드라이를 해 줍니다.

美容室_{びようしつ}でだいたい最後_{さいご}にブローしてくれます。

봉고데기

ヘアアイロン

봉고데기는 종류가 너무 많아서 고를 수 없습니다.

ヘアアイロンは種類_{しゅるい}が多_{おお}すぎて選_{えら}べません。

➕ コテ 판고데기

이미지 변신

イメチェン

이미지 변신했습니다만 어떻습니까?

イメチェンしましたが、どうですか。

❗ イメージ(이미지)+チェンジ(교체)

유행 ⭐

流行 _{りゅうこう}

이 잡지는 유행하는 헤어스타일을 소개하고 있습니다.

この雑誌_{ざっし}は流行_{りゅうこう}の髪型_{かみがた}を紹介_{しょうかい}しています。

➕ 流行_はり 유행

일본어 단어, 궁금해요!

Q '머리카락'을 뜻하는 髪_{かみ}와 髪の毛_{かみ け}의 차이가 궁금해요.

A 髪_{かみ}는 머리에서 자란 털 전체를 의미해요. 반면 髪の毛_{かみ け}는 머리카락 한 가닥 한 가닥을 의미해요.

강의 보기

Track025

★은 꼭 알아야 할 일상 필수 어휘입니다.

옷 ふく 服 ★	살이 쪄서 옷을 못 입게 되었습니다. ふとって服が着れなくなりました。 ふく き ＋ 服装 복장 ふくそう

겉옷 うわ ぎ 上着 ★	추우니까 겉옷을 갖고 가는 편이 좋아. さむ うわぎ も い ほう 寒いから上着を持って行った方がいい。

양복 よう ふく 洋服 ★	이 양복은 착용감이 좋습니다. ようふく き ごこ ち この洋服は着心地がいいです。 ❗ 정장이 아니라 서양식 평상복을 말함 ＋ スーツ 양복(정장)

긴팔 なが そで 長袖	산에 간다면 여름이라도 긴팔이 필요합니다. やま い なつ ながそで ひつよう 山に行くなら夏でも長袖が必要です。 そで ＋ 袖 소매

반팔 はん そで 半袖	12월에 반팔은 춥지요. じゅうにがつ はんそで さむ 12月に半袖は寒いでしょう。 そで ＋ 袖なし 민소매

추리닝 ジャージ	추리닝을 입고 달리기를 하고 있습니다. き ジャージを着てランニングをしています。

패딩 ダウンジャケット	이 패딩은 엄청 따뜻해요. あたた このダウンジャケットはとても暖かいです。

맨투맨

トレーナー

여동생은 캐주얼한 맨투맨이 어울립니다.

妹はカジュアルなトレーナーが似合います。

➕ セーター 스웨터

후드 티

パーカー

내 빨간색 후드 티는 어디에 있어?

僕の赤いパーカーはどこにあるの？

우비

レインコート

비가 오는데 우산도 우비도 없습니다.

雨なのに、傘もレインコートもありません。

➕ 雨具 우비

수영복

水着

이번에 바다에 가기 때문에 수영복을 샀습니다.

今度海に行くので、水着を買いました。

잠옷

パジャマ

잠옷을 입고 느긋하게 있고 싶네요.

パジャマを着てのんびりしたいですね。

목이 올라온 옷

ハイネック

목이 짧아서 목이 올라온 옷은 어울리지 않습니다.

首が短くてハイネックは似合わないです。

⚠ 목 폴라, 목 티 등이 해당

입어 봄 ⭐

試着

이 후드 티 입어 봐도 되나요?

このパーカー、試着してもいいですか。

🐷 **일본어 단어, 궁금해요!**

Q 洋服와 スーツ의 차이가 궁금해요.

A 우리가 생각하는 정장은 スーツ라고 하고, 着物나 浴衣와 같은 전통 의상을 제외한 서 양식 평상복을 洋服라고 해요.

강의 보기

패션(하의/신발/액세서리)

Track026

★은 꼭 알아야 할 일상 필수 어휘입니다.

청바지

ジーンズ

청바지를 빨 때는 주의해 주세요.

ジーンズを洗<ruby>あら</ruby>うときは注意<ruby>ちゅうい</ruby>してください。

반바지

短<ruby>たん</ruby>パン

겨울에도 반바지밖에 입지 않는 사람이 있습니다.

冬<ruby>ふゆ</ruby>でも短<ruby>たん</ruby>パンしか履<ruby>は</ruby>かない人<ruby>ひと</ruby>がいます。

➕ ショートパンツ 반바지　➕ ハーフパンツ 반바지

치마바지

キュロットスカート

치마바지는 움직이기 편합니다.

キュロットスカートは動<ruby>うご</ruby>きやすいです。

신발 ★

靴<ruby>くつ</ruby>

미국에서는 신발을 신은 채 들어갑니다.

アメリカでは靴<ruby>くつ</ruby>を履<ruby>は</ruby>いたまま入<ruby>はい</ruby>ります。

➕ 靴<ruby>くつ</ruby>べら 구둣주걱

스니커즈, 운동화

スニーカー

정장에 운동화를 맞췄습니다.

スーツにスニーカーを合<ruby>あ</ruby>わせました。

➕ キャンバススニーカー 캔버스화

속옷 ★

下着<ruby>したぎ</ruby>

속옷은 매일 빨고 있습니다.

下着<ruby>したぎ</ruby>は毎日<ruby>まいにち</ruby>洗<ruby>あら</ruby>っています。

양말 ★

靴下<ruby>くつした</ruby>

일본식 방에서는 흰 양말을 신게 되어 있다.

和室<ruby>わしつ</ruby>では白<ruby>しろ</ruby>い靴下<ruby>くつした</ruby>を履<ruby>は</ruby>くことになっている。

손목시계
うでどけい
腕時計 ★

생일 선물로 손목시계를 받았습니다.
誕生日プレゼントに腕時計をもらいました。

모자
ぼうし
帽子 ★

실내에서는 모자를 벗는 것이 매너입니다.
室内では帽子を脱ぐのがマナーです。

안경
めがね
眼鏡 ★

안경을 쓴 채 얼굴을 씻어버렸습니다.
眼鏡をかけたまま顔を洗ってしまいました。

➕ サングラス 선글라스 ➕ コンタクトレンズ 콘택트 렌즈

가방
カバン ★

스마트폰은 가방 안에 넣어 주세요.
スマホはカバンの中にしまってください。

➕ リュック 배낭 ➕ ハンドバッグ 핸드백

반지
ゆびわ
指輪

살이 빠져서 반지가 헐거워졌습니다.
痩せて指輪が緩くなりました。

➕ ピアス 귀걸이 ➕ ネックレス 목걸이

장갑
てぶくろ
手袋

춥기 때문에 장갑을 낍니다.
寒いので、手袋をはめます。

머리띠
カチューシャ

머리띠는 포인트가 됩니다.
カチューシャはポイントになります。

➕ シュシュ 스크런치, 곱창밴드

🐛 **일본어 단어, 궁금해요!**

Q くつ 靴의 정확한 의미가 궁금해요.

A 靴는 신발이라는 카테고리를 나타내요. 정장용 구두, 편한 운동화 모두 靴에 해당해요. 정장용 구두
는 ビジネスシューズ라고 하니 참고해 주세요.

★은 꼭 알아야 할 일상 필수 어휘입니다.

화장품 ★
けしょうひん
化粧品

화장품도 사용 기한이 있습니다.
けしょうひん　しようきげん
化粧品も使用期限があります。

➕ コスメ 화장품

스킨, 토너
けしょうすい
化粧水

세수하면 바로 스킨을 바릅니다.
かお　あら　　　　　　　けしょうすい
顔を洗ったら、すぐに化粧水をつけます。

➕ スキン 피부, 피임 기구

로션
にゅうえき
乳液

건성 피부이므로 로션을 듬뿍 바릅니다.
かんそうはだ　　　　にゅうえき　　　　　ぬ
乾燥肌なので、乳液をたっぷり塗ります。

세럼
びようえき
美容液

세럼은 스킨 후에 사용하고 있습니다.
びようえき　けしょうすい　あと　つか
美容液は化粧水の後に使っています。

향수 ★
こうすい
香水

향수는 체온이 높은 곳에 뿌린다고 합니다.
こうすい　たいおん　たか
香水は体温が高いところにつけるそうです。

선크림 ★
ひ　や　ど
日焼け止め
(クリーム)

흐린 날에도 선크림을 바릅니다.
くも　　ひ　　　ひ　や　ど　　ぬ
曇りの日も、日焼け止めを塗ります。

❗ 日(햇빛)+焼け(탐)+止め(중지)

메이크업 리무버
お
メイク落とし

피부에 좋은 메이크업 리무버는 무엇입니까?
はだ　やさ　　　　　お　　　　なん
肌に優しいメイク落としは何ですか。

❗ メイク(메이크업)+落とす(떨어뜨리다)

블러셔

チーク

얼굴 타입별로 어울리는 블러셔를 소개하겠습니다.

顔タイプ別に、似合うチークを紹介します。

명사

립스틱
くちべに
口紅

쌩얼이라도 립스틱은 바릅니다.

すっぴんでも口紅は塗ります。

보습
ほ しつ
保湿

마스크 팩은 피부 보습에 좋다.

シートマスクは肌の保湿に良い。

자외선 차단
ゆーぷいー
UVカット

자외선 차단 효과가 있는 모자는 있습니까?

UVカット効果がある帽子はありますか。

피부 ⭐
はだ
肌

많은 여성들이 피부에 고민이 있습니다.

多くの女性が肌に悩みがあります。

➕ 皮膚 피부

여드름

ニキビ

여드름을 빨리 낫게 하는 방법은 없나요?

ニキビを早く治す方法はありませんか。

➕ ニキビ跡 여드름 흉터

모공
け あな
毛穴

여름이 되면 모공이 눈에 띕니다.

夏になると、毛穴が目立ちます。

🍇 **일본어 단어, 궁금해요!**

Q '피부'를 뜻하는 肌와 皮膚의 차이가 궁금해요.

A 肌는 일상에서 쓰는 표현으로 살결을 의미해요. 반면 皮膚는 전문적인 느낌으로 '몸을 덮고 있는 조직'의 개념이랍니다. 皮膚의 경우 동물의 피부를 나타내기도 해요.

강의 보기

★은 꼭 알아야 할 일상 필수 어휘입니다.

쇼핑 ★
買い物
(か もの)

저는 이번 주말에 쇼핑하러 갈 생각입니다.
私は今週末、買い物に行くつもりです。
(わたし こんしゅうまつ か もの い)

매장, 파는 곳 ★
売り場
(う ば)

실례합니다, 신발 매장은 어디입니까?
すみません、靴売り場はどこですか。
(くつ う ば)

❗ 명사+場 ~하는 장소
(ば)

아이쇼핑
ウインドウ
ショッピング

아이쇼핑만으로도 즐겁다.
ウインドウショッピングだけでも楽しい。
(たの)

❗ アイショッピング(X)

직구
個人輸入
(こ じん ゆ にゅう)

직구로 손수건을 샀습니다.
個人輸入でハンカチを買いました。
(こ じん ゆ にゅう か)

❗ 個人(개인)+輸入(수입)
(こ じん ゆ にゅう)

명품
ブランド品
(ひん)

면세점에서는 명품을 저렴하게 살 수 있습니다.
免税店ではブランド品が安く買えます。
(めんぜいてん ひん やす か)

가품
偽物
(にせ もの)

저건 분명 가품이에요.
あれは絶対偽物ですよ。
(ぜったいにせもの)

품절 ★
売り切れ
(う き)

이쪽 상품은 품절입니다.
こちらの商品は売り切れです。
(しょうひん う き)

➕ 品切れ 품절
(しな ぎ)

반품
へんぴん
返品 ★

생각했던 이미지와 달라서 반품하고 싶다.

思っていたイメージと違うから返品したい。

환불
はら　もど
払い戻し ★

환불에는 영수증이 필요합니다.

払い戻しにはレシートが必要です。

벼룩시장

フリマ

벼룩시장 어플에서 물건을 사는 사람이 늘고 있습니다.

フリマアプリで物を買う人が増えています。

❗ フリーマーケット(벼룩시장, flea market)의 줄임말

바가지

ぼったくり

바가지 피해를 당했습니다.

ぼったくり被害に遭いました。

가성비

コスパ ★

양도 많고 맛도 좋기 때문에 가성비가 좋다.

量も多くて味もいいから、コスパがいい。

❗ コスト(비용)+パフォーマンス(퍼포먼스)

입소문
くち
口コミ

입소문으로 유명해진 가게입니다.

口コミで有名になったお店です。

❗ 口(입)+コミュニケーション(커뮤니케이션, 전달)

저렴이

プチプラ

저렴이라도 좋은 물건이 많이 있습니다.

プチプラでもいいものがたくさんあります。

❗ プチ(자그마한)+プライス(가격)

➕ デパコス 고급(값 비싼) 화장품(プチプラ의 반의어로 사용)

🐄 일본어 단어, 궁금해요!

Q '품절'을 뜻하는 売り切れ와 品切れ의 차이가 궁금해요.

A 売り切れ는 売る라는 단어에서 알 수 있듯이 물건이 전부 팔려서 재고가 없는 경우를 말해요. 반면 品切れ의 品는 물건을 의미해요. 다 팔렸거나, 생산에 문제가 있거나 다양 한 이유로 물건 재고가 부족한 경우예요.

강의 보기

Track029

★은 꼭 알아야 할 일상 필수 어휘입니다.

슈퍼, 마트 ★
スーパー

슈퍼에 식재료를 사러 갑니다.
スーパーに食材を買いに行きます。

편의점 ★
コンビニ

편의점에서 아침 식사를 해결하고 있습니다.
コンビニで朝食を済ませています。

특별 세일 상품
目玉商品

특별 세일 상품을 너무 많이 사버렸습니다.
目玉商品を買いすぎてしまいました。

❗ 눈알(目玉)이 튀어나올 정도로 저렴한 상품이라는 의미

이득, 가격이 쌈
お得

회원 등록하면 이득입니다.
会員登録するとお得ですよ。

추천 ★
おすすめ

요즘 시기에 추천하는 생선입니다.
今の時期、おすすめの魚です。

➕ 勧める 추천하다

한정
限定

기간 한정으로 판매되고 있는 상품입니다.
期間限定で販売されている商品です。

❗ 계절/장소/이벤트+限定 ~한정

할인 ★
割引

편의점에서 사용할 수 있는 할인 쿠폰입니다.
コンビニで使える割引クーポンです。

❗ 1 割는 10%

덤

おまけ

덤으로 하나 더 과자를 받았습니다.

おまけにもう１つのお菓子_{かし}をもらいました。

계산대

レジ

계산대에 점원이 없었습니다.

レジに店員_{てんいん}がいませんでした。

계산 ⭐

お会計_{かいけい}

계산은 함께 시키겠습니까?

お会計_{かいけい}はご一緒_{いっしょ}ですか。

➕ 計算_{けいさん} 계산(사칙연산, 수량을 헤아림) ➕ 勘定_{かんじょう} 계산(회계)

가격, 판매가 ⭐

値段_{ねだん}

무려 오늘은 이 가격에 살 수 있습니다.

なんと、本日_{ほんじつ}はこの値段_{ねだん}で買_かえます。

❗ 판매할 때의 가격(구어체)

➕ 価格_{かかく} 가격(상품의 가치를 나타낸 금액, 문어체)

세금 포함 ⭐

税込_{ぜいこ}み

세금 포함 가격으로 표시하고 있습니다.

税込_{ぜいこ}み価格_{かかく}で表示_{ひょうじ}しています。

➕ 税金_{ぜいきん} 세금 ➕ 税抜_{ぜいぬ}き 세금 별도

거스름돈 ⭐

おつり

거스름돈은 괜찮습니다(거스름돈은 챙겨 두세요).

おつりは取_とっておいてください。

바구니

かご

바구니는 입구 오른쪽에 있습니다.

かごは入口_{いりぐち}の右側_{みぎがわ}にあります。

🐷 **일본어 단어, 궁금해요!**

Q '계산'을 뜻하는 会計_{かいけい}와 計算_{けいさん}의 차이가 궁금해요.

A 会計_{かいけい}는 금전과 관련되어 있어요. 대금의 지불이나 손익의 발생을 나타낼 때 사용해요.
반면 計算_{けいさん}은 수량을 헤아리거나 사칙연산에서의 계산을 의미해요.

강의 보기

★은 꼭 알아야 할 일상 필수 어휘입니다.

약국 ★
やっきょく
薬局

병원 바로 옆에 약국이 있습니다.
びょういん　となり　やっきょく
病院のすぐ隣に薬局があります。

➕ くすりや 薬屋 약국

드러그 스토어 ★
ドラッグストア

드러그 스토어에서 살 수 있는 약도 있습니다.
か　くすり
ドラッグストアで買える薬もあります。

두통약
ず つうやく
頭痛薬

두통약을 매일 먹는 것은 좋지 않습니다.
ず つうやく　まいにち の
頭痛薬を毎日飲むのは良くありません。

➕ くすり の 薬を飲む 약을 먹다

해열제
げ ねつざい
解熱剤

열을 낮추기 위해 해열제를 먹었다.
ねつ　さ　げ ねつざい　の
熱を下げるために解熱剤を飲ませた。

➕ ねつ 熱さまし 해열제

안약
め ぐすり
目薬

눈이 가려워서 안약을 넣었습니다.
め　め ぐすり
目がかゆくて、目薬をさしました。

➕ め ぐすり 目薬をさす 안약을 넣다

인공눈물
じん こう るい えき
人工涙液

인공눈물은 눈의 건조를 방지합니다.
じんこうるいえき　め　かんそう　ふせ
人工涙液は目の乾燥を防ぎます。

파스
しっ ぷ
湿布

어깨 결림에 파스는 효과가 있습니까?
かた　しっ ぷ　こう か
肩こりに湿布は効果がありますか。

핫팩

カイロ

일회용 핫팩을 몇 개 가져왔다.

使い捨てカイロをいくつか持ってきた。

반창고

バンドエイド

소독하고 반창고를 붙입니다.

消毒してバンドエイドを貼ります。

❗ 본래 상품명으로, 반창고(絆創膏)의 대명사가 됨

영양제, 보충제

サプリ

비타민C를 섭취할 수 있는 영양제를 먹고 있다.

ビタミンCが摂れるサプリを飲んでいる。

❗ サプリメント의 줄임말

영양 음료, 에너지 음료

栄養ドリンク

영양 음료는 약이 아닙니다.

栄養ドリンクは薬ではありません。

마스크

マスク

병원 내에서는 마스크 착용을 부탁드립니다.

病院内ではマスク着用をお願いします。

모기 퇴치 스프레이

蚊除けスプレー

캠핑 때 모기 퇴치 스프레이는 필수입니다.

キャンプの時、蚊除けスプレーは必須です。

❗ 蚊(모기)+除け(막이)+スプレー(스프레이)

알약

錠剤

알약을 물과 함께 먹었습니다.

錠剤を水と一緒に飲みました。

➕ カプセル(制) 캡슐(제)

일본어 단어, 궁금해요!

Q 薬局와 ドラッグストア의 정확한 구분이 궁금해요.

A 薬局는 약을 제조하고 판매하는 곳을 의미해요. ドラッグストア는 일반 약품뿐만 아니라 일상 용품, 화장품 등을 취급하고 있어요. 본래 제조약은 판매하지 않았으나 현재는 약사가 상주하는 곳이 늘고 있어요.

강의 보기

명사

회화 Talk!

Talk① | 현기증의 원인

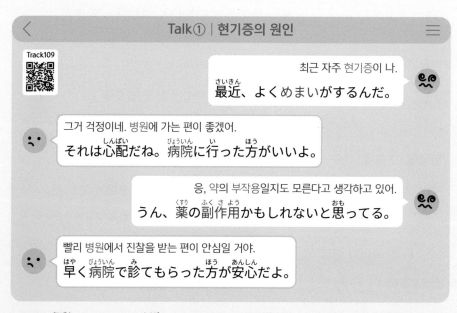

Track109

> 최근 자주 현기증이 나.
> 最近、よくめまいがするんだ。

> 그거 걱정이네. 병원에 가는 편이 좋겠어.
> それは心配だね。病院に行った方がいいよ。

> 응, 약의 부작용일지도 모른다고 생각하고 있어.
> うん、薬の副作用かもしれないと思ってる。

> 빨리 병원에서 진찰을 받는 편이 안심일 거야.
> 早く病院で診てもらった方が安心だよ。

New 단어 最近 최근　よく 자주　心配だ 걱정이다　行く 가다　副作用 부작용　思う 생각하다　早く 빨리
安心だ 안심이다

Talk② | 여드름 관리법

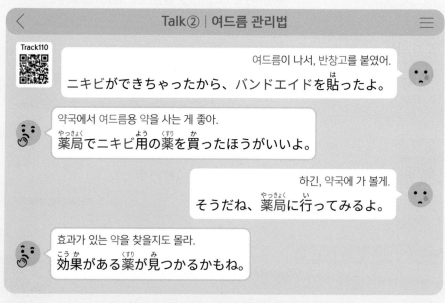

Track110

> 여드름이 나서, 반창고를 붙였어.
> ニキビができちゃったから、バンドエイドを貼ったよ。

> 약국에서 여드름용 약을 사는 게 좋아.
> 薬局でニキビ用の薬を買ったほうがいいよ。

> 하긴, 약국에 가 볼게.
> そうだね、薬局に行ってみるよ。

> 효과가 있는 약을 찾을지도 몰라.
> 効果がある薬が見つかるかもね。

New 단어 できる 생기다　貼る 붙이다　買う 사다　効果 효과　見つかる 찾다

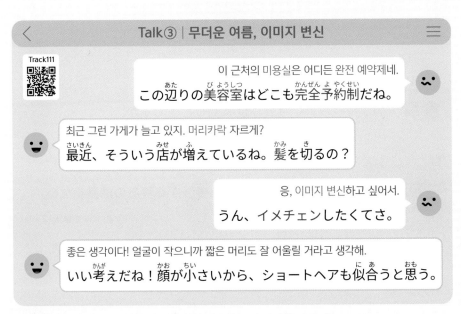

Track111

이 근처의 미용실은 어디든 완전 예약제네.
この辺りの美容室はどこも完全予約制だね。

최근 그런 가게가 늘고 있지. 머리카락 자르게?
最近、そういう店が増えているね。髪を切るの？

응, 이미지 변신하고 싶어서.
うん、イメチェンしたくてさ。

좋은 생각이다! 얼굴이 작으니까 짧은 머리도 잘 어울릴 거라고 생각해.
いい考えだね！顔が小さいから、ショートヘアも似合うと思う。

New 단어 この辺り 이 근처 店 가게 増える 늘다 切る 자르다 考え 생각 小さい 작다

ショートヘア 짧은 머리 似合う 어울리다

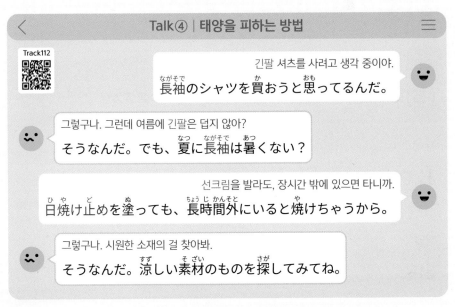

Track112

긴팔 셔츠를 사려고 생각 중이야.
長袖のシャツを買おうと思ってるんだ。

그렇구나. 그런데 여름에 긴팔은 덥지 않아?
そうなんだ。でも、夏に長袖は暑くない？

선크림을 발라도, 장시간 밖에 있으면 타니까.
日焼け止めを塗っても、長時間外にいると焼けちゃうから。

그렇구나. 시원한 소재의 걸 찾아봐.
そうなんだ。涼しい素材のものを探してみてね。

New 단어 シャツ 셔츠 でも 그런데 夏 여름 塗る 바르다 長時間 장시간 外 밖 焼ける 타다

涼しい 시원하다 素材 소재 探す 찾다

㉛. 식사

Track031

★은 꼭 알아야 할 일상 필수 어휘입니다.

식사 ★
しょく じ
食事

다음번에 식사라도 어떠십니까?
こん ど　　しょく じ
今度、食事でもどうですか。

밥 ★
はん
ご飯

밥을 먹은 후 바로 자는 것은 좋지 않다.
はん　　た　　　あと　　　　　　ね　　　　　よ
ご飯を食べた後、すぐ寝るのは良くない。

めし
➕ 飯 밥(주로 남성들이 사용)

아침밥 ★
あさ　　はん
朝ご飯

아침밥을 그다지 먹지 않습니다.
あさ　　はん　　　　　　　た
朝ご飯をあまり食べません。

ひる　　はん　　　　　　　　　　　　ゆうはん ばん　　はん
➕ 昼ご飯 점심 식사　➕ 夕飯/晩ご飯 저녁 식사

음식 ★
た　　　もの
食べ物

좋아하는 음식은 무엇입니까?
す　　　　た　　　もの　　なん
好きな食べ物は何ですか。

음료 ★
の　　　もの
(お)飲み物

음료는 무엇으로 하시겠습니까?
の　　　もの　　なに
お飲み物は何になさいますか。

간식
おやつ

오늘의 간식은 수제 쿠키입니다.
きょう　　　　　　　　　　 て づく
今日のおやつは手作りのクッキーです。

か　し
➕ お菓子 과자　➕ おかず 반찬

배달
で まえ
出前

피자 배달을 주문했습니다.
　　　　で まえ　　たの
ピザの出前を頼みました。

❗ 물건의 배달에는 사용하지 않고 식사에 한정해서 사용

도시락

(お)弁当
べんとう

⭐

도시락에 사용하기에 좋은 반찬은 무엇일까요?

お弁当に使いやすいおかずは何でしょう。
べんとう　　　　　　つか　　　　　　　　　　　　なん

역에서 파는 도시락

駅弁
えき べん

여행의 즐거움 중 하나는 역에서 파는 도시락입니다.

旅行の楽しみの一つは駅弁です。
りょこう　たの　　　　ひと　　　えきべん

❗ 특히 지역 특산물을 이용해 만든 도시락

호불호, 편식

好き嫌い
す　 きら

딸은 음식 호불호가 심합니다.

娘は食べ物の好き嫌いが激しいです。
むすめ　た　もの　す　きら　　はげ

➕ 好み 기호, 취향
この

진수성찬

ごちそう

가족들이 좋아할 진수성찬을 내놓고 싶습니다.

家族が喜ぶごちそうを出したいです。
か ぞく　よろこ　　　　　　　　　だ

➕ ごちそうさまでした 잘 먹었습니다

혼밥

ぼっち飯
めし

혼밥인 편이 안정됩니다.

ぼっち飯の方が落ち着きます。
めし　ほう　お　つ

❗ 주로 젊은 층에서 사용하며, 일반적으로는 一人ご飯(혼밥)이라고 씀
ひとり　はん

➕ 独りぼっち 외톨이, 단 혼자
ひと

합석

相席
あい せき

포장마차에서는 가끔 합석합니다.

屋台ではたまに相席します。
や たい　　　　　　あいせき

식단

献立
こん だて

1주일분의 식단을 생각합니다.

1週間分の献立を考えます。
いっしゅうかんぶん　こんだて　かんが

🐷 **일본어 단어, 궁금해요!**

Q ごちそうさまでした가 단어 ごちそう에서 온 것처럼 단어가 인사 표현으로 굳어진 말이 궁금해요.

A お休みなさい(안녕히 주무세요)는 休む(쉬다)에서, お帰りなさい(어서 오세요)는 帰る(돌아가
　　 やす　　　　　　　　　　　　　　　　　　 やす　　　　　　　かえ　　　　　　　　　　　　　　かえ
　　 (오)다)에서 만들어진 인사표현이에요.

32. 요리/음식

★은 꼭 알아야 할 일상 필수 어휘입니다.

요리, 음식 ★
りょうり
料理

다양한 나라의 요리를 먹어보고 싶습니다.
いろいろな国の料理を食べてみたいです。
➕ 韓国料理 한국 음식 ➕ 中華料理 중국 음식

일식 ★
わしょく
和食

다양한 식재료를 즐길 수 있는 일식을 좋아합니다.
様々な食材が楽しめる和食が好きです。
➕ 洋食 양식

오세치 요리
りょうり
おせち料理

오세치 요리는 섣달 그믐날이나 설날에 먹습니다.
おせち料理は大晦日や元日に食べます。
❗ 정월에 먹는 일본의 대표적인 명절 요리

냉동식품
れいとうしょくひん
冷凍食品

바쁠 때는 냉동식품이 편리합니다.
忙しい時は冷凍食品が便利です。
➕ レトルト食品 즉석식품

볶음
いた もの
炒め物

돼지고기와 양파로 볶음을 만듭니다.
豚肉とたまねぎの炒め物を作ります。
➕ 炒める 볶다

전골
なべ もの
鍋物

추운 날에는 전골이 좋지요.
寒い日は、鍋物がいいですね。

튀김
あ もの
揚げ物

건강을 위해서 튀김은 당분간 피해라.
健康のために揚げ物はしばらく避けなさい。
➕ 揚げる (기름에) 튀기다

찜
煮物
<ruby>煮<rt>に</rt></ruby><ruby>物<rt>もの</rt></ruby>

찜은 시간이 걸립니다.

<ruby>煮<rt>に</rt></ruby><ruby>物<rt>もの</rt></ruby>は<ruby>時間<rt>じかん</rt></ruby>がかかります。

➕ <ruby>煮<rt>に</rt></ruby>る 찌다

(주로 맑은) 국, 국물
吸い物
<ruby>吸<rt>す</rt></ruby>い<ruby>物<rt>もの</rt></ruby>

두부가 들어간 국을 좋아합니다.

<ruby>豆腐<rt>とうふ</rt></ruby>が<ruby>入<rt>はい</rt></ruby>った<ruby>吸<rt>す</rt></ruby>い<ruby>物<rt>もの</rt></ruby>が<ruby>好<rt>す</rt></ruby>きです。

➕ <ruby>汁<rt>しる</rt></ruby>国 ➕ <ruby>具材<rt>ぐざい</rt></ruby> 건더기

구이
焼き
<ruby>焼<rt>や</rt></ruby>き

곱창 구이와 오징어 구이를 좋아합니다.

ホルモン<ruby>焼<rt>や</rt></ruby>きとイカ<ruby>焼<rt>や</rt></ruby>きが<ruby>好<rt>す</rt></ruby>きです。

➕ <ruby>焼<rt>や</rt></ruby>く 굽다

꼬치
串
<ruby>串<rt>くし</rt></ruby>

꼬치 요리는 도시락 반찬으로 추천입니다.

<ruby>串<rt>くし</rt></ruby><ruby>料理<rt>りょうり</rt></ruby>はお<ruby>弁当<rt>べんとう</rt></ruby>のおかずにおすすめです。

➕ <ruby>串<rt>くし</rt></ruby>カツ 꼬치 튀김

(국물 등을) 끼얹음
ぶっかけ

최근 국물을 끼얹어 먹는 우동이나 밥에 빠져 있습니다.

<ruby>最近<rt>さいきん</rt></ruby>、ぶっかけうどんや<ruby>飯<rt>めし</rt></ruby>にはまっています。

❗ 국물을 붓기만 하는 간편한 음식에 주로 사용

중국식 볶음밥
チャーハン

중국식 볶음밥은 재료도 만드는 방법도 간단합니다.

チャーハンは<ruby>材料<rt>ざいりょう</rt></ruby>も<ruby>作<rt>つく</rt></ruby>り<ruby>方<rt>かた</rt></ruby>も<ruby>簡単<rt>かんたん</rt></ruby>です。

➕ チャーシュー 중국식 돼지고기 구이

덮밥 ★
どんぶり

덮밥 중에서 돈까스 덮밥이 가장 맛있습니다.

どんぶりの<ruby>中<rt>なか</rt></ruby>でかつ<ruby>丼<rt>どん</rt></ruby>が<ruby>一番<rt>いちばん</rt></ruby>おいしいです。

➕ かつ<ruby>丼<rt>どん</rt></ruby> 돈까스 덮밥 ➕ <ruby>牛丼<rt>ぎゅうどん</rt></ruby> 소고기 덮밥 ★ <ruby>親子丼<rt>おやこどん</rt></ruby> 닭고기 달걀 덮밥

오차즈케
お茶漬け
お<ruby>茶漬<rt>ちゃづ</rt></ruby>け

오차즈케를 한입 먹었다.

お<ruby>茶漬<rt>ちゃづ</rt></ruby>けを<ruby>一口<rt>ひとくち</rt></ruby><ruby>食<rt>た</rt></ruby>べた。

❗ 밥에 차나 국을 부어 먹는 음식

명사

33. 채소/과일

Track033

★은 꼭 알아야 할 일상 필수 어휘입니다.

채소 ★
野菜(やさい)

채소 냄새를 싫다고 하는 아이들이 많다.
野菜(やさい)のにおいが苦手(にがて)だという子供(こども)が多(おお)い。

➕ 漬物(つけもの) 절임

당근 ★
ニンジン

당근은 생으로 먹어도 맛있습니다.
ニンジンは生(なま)で食(た)べてもおいしいです。

시금치 ★
ほうれん草(そう)

시금치는 데쳐서 먹고 있습니다.
ほうれん草(そう)はゆでて食(た)べています。

오이 ★
キュウリ

오이는 놀라울 정도로 칼로리가 낮다.
キュウリは驚(おどろ)くほどカロリーが低(ひく)い。

쥬키니
ズッキーニ

쥬키니는 껍질째 먹어도 좋습니다.
ズッキーニは皮(かわ)ごと食(た)べてもいいです。

❗ 애호박과 비슷한 모양을 한 일본에서 자주 사용하는 식재료

차조기
シソ

집에서 차조기를 기르는 사람이 늘고 있습니다.
家(いえ)でシソを育(そだ)てる人(ひと)が増(ふ)えています。

❗ 깻잎과 비슷한 모양을 한 채소

고추
トウガラシ

고추에는 비타민이 포함되어 있습니다.
トウガラシにはビタミンが含(ふく)まれています。

버섯

キノコ ★

버섯은 씻으면 향이 손상되어 버린다.

キノコは洗<ruby>あら</ruby>うと香<ruby>かお</ruby>りが損<ruby>そこ</ruby>なわれてしまう。

과일

果物 ★
<ruby>くだもの</ruby>

식후 디저트로 과일을 먹습니다.

食後<ruby>しょくご</ruby>のデザートで果物<ruby>くだもの</ruby>を食<ruby>た</ruby>べます。

수박

スイカ ★

수박에 소금을 뿌려서 먹는 사람도 있습니다.

スイカに塩<ruby>しお</ruby>をかけて食<ruby>た</ruby>べる人<ruby>ひと</ruby>もいます。

포도

ぶどう ★

포도는 껍질 벗기기가 귀찮습니다.

ぶどうは皮<ruby>かわ</ruby>むきが面倒<ruby>めんどう</ruby>くさいです。

귤

みかん ★

귤 따기 체험을 해봤습니다.

みかん狩<ruby>が</ruby>りの体験<ruby>たいけん</ruby>をしてみました。

감

柿 ★
<ruby>かき</ruby>

감의 제철은 9월부터 12월까지입니다.

柿<ruby>かき</ruby>の旬<ruby>しゅん</ruby>は9月<ruby>くがつ</ruby>から12月<ruby>じゅうにがつ</ruby>までです。

복숭아

桃
<ruby>もも</ruby>

저는 복숭아 알레르기가 있어서 못 먹습니다.

私<ruby>わたし</ruby>は桃<ruby>もも</ruby>アレルギーがあって食<ruby>た</ruby>べられません。

일본어 단어, 궁금해요!

Q ニンジン은 '당근'인지 '인삼'인지 궁금해요.

A 정답은 둘 다입니다. 본래 '인삼'을 人参<ruby>にんじん</ruby>이라고 했는데, 이후 당근이 유입될 때 인삼과 비슷하게 생겼다는 이유로 ニンジン이라고 부르기 시작했어요. 구하기 쉬운 당근이 인삼보다 대중화되었고, 이제는 ニンジン 하면 인삼보다는 당근을 먼저 떠올리게 되었어요. 헷갈리지 않도록 '인삼'은 주로 高麗<ruby>こうらい</ruby>人参<ruby>にんじん</ruby>이라고 해요.

★은 꼭 알아야 할 일상 필수 어휘입니다.

밥그릇
ちゃわん
茶碗

일본에서는 밥그릇을 손에 들고 먹습니다.
に ほん　　　　ちゃわん　て　も　　　　た
日本では茶碗を手に持って食べます。

냄비
なべ
鍋

냄비 요리는 가족 모두가 즐길 수 있습니다.
なべりょうり　　か ぞくぜんいん　たの
鍋料理は家族全員で楽しめます。

❗ 재료＋鍋 ~전골
　　　　　　なべ

접시 ★
さら
お皿

접시를 깨 버렸습니다.
さら　わ
お皿を割ってしまいました。

➕ 取り皿 앞접시
　　　と　ざら

젓가락 ★
はし
箸

일본에서는 젓가락을 옆으로 놓습니다.
に ほん　　　はし　よこむ　　お
日本では箸を横向きに置きます。

➕ スプーン 스푼, 숟가락　➕ フォーク 포크

주걱
しゃもじ

밥을 섞을 때는 주걱을 사용합니다.
めし　ま
飯を混ぜるときはしゃもじを使います。
　　　　　　　　　　　　　　　　つか

➕ おたま 국자

식칼
ほうちょう
包丁

식칼은 안전에 주의하여 사용합시다.
ほうちょう　あんぜん　き　　　つか
包丁は安全に気をつけて使いましょう。

➕ ナイフ 나이프, 칼(넓은 의미)

도마
いた
まな板

도마를 잘 말려 주세요.
　　　いた　　　　　　　かわ
まな板をちゃんと乾かしてください。

강판 おろしがね	무를 강판으로 갑니다. 大根をおろしがねでおろします。

뒤집개 フライ返し	뒤집개는 무언가를 볶을 때 편리합니다. フライ返しは何かを炒めるときに便利です。

거품기 泡立て器	거품기로 섞어서 거품을 만듭니다. 泡立て器で混ぜて泡を作ります。

믹서기 ミキサー	믹서기가 있으면 집에서도 주스를 만들 수 있습니다. ミキサーがあれば家でもジュースが作れます。

집게 トング	파스타를 만들 때는 집게를 사용합니다. パスタを作るときはトングを使います。

오프너 栓抜き	오프너로 뚜껑을 엽니다. 栓抜きでふたを開けます。

❶ 栓(마개)+抜き(뺌)

수세미 たわし	한 달에 한 번 수세미를 교체합니다. １ヶ月に１回、たわしを交換します。

🧅 일본어 단어, 궁금해요!

Q 밥그릇을 왜 茶碗(찻 공기)이라고 하는지 궁금해요.

A 茶碗은 원래 한자 그대로 차를 마실 때 사용하는 공기를 뜻했어요. 과거에 차(お茶)가 유행하던 시기에 중국으로부터 다기가 수입되었고 이를 茶碗이라고 불렀답니다. 이후 일본 내에서도 차기 뿐만 아니라 밥그릇 등 다양한 종류의 그릇을 만들기 시작했는데, 이를 본래 부르던 茶碗이라 이어 부르게 되었어요.

Track035

★은 꼭 알아야 할 일상 필수 어휘입니다.

식당 ★
しょくどう
食堂

점심시간의 식당은 항상 혼잡하다.
ランチタイムの食堂はいつも混雑している。

레스토랑 ★
レストラン

가끔은 레스토랑에서 식사를 하고 싶습니다.
たまにはレストランで食事をしたいです。

➕ ファミレス 패밀리 레스토랑

노포
しにせ
老舗

저 가게는 100년 이상 이어진 노포입니다.
あの店は、100年以上続く老舗です。

뷔페
バイキング

뷔페는 원하는 만큼 먹을 수 있습니다.
バイキングは好きなだけ食べられます。

무한 리필 ★
た ほうだい
食べ放題

생일에 불고기 무한 리필을 가기로 했다.
誕生日に焼肉食べ放題に行くことにした。

➕ 飲み放題 음료 무한 리필

드링크바
ドリンクバー

드링크바는 자유롭게 음료를 마실 수 있습니다.
ドリンクバーは自由にお飲み物が飲めます。

❗ 셀프 서비스로, 줄여서 ドリバ라도 함

예약 ★
よ やく
予約

점심시간은 예약 없이는 들어갈 수 없습니다.
ランチタイムは予約なしでは入れません。

➕ 予約を取る/する 예약을 하다 ➕ 予約済み 예약 완료

대관 **貸し切り** ^か ^き	대관이 가능한 레스토랑으로 하겠습니다. **貸し切りできるレストランにします。**	

자리
席
せき

2명입니다만 자리 있습니까?
2人ですが、席はありますか。
ふたり　　　せき

금연석
禁煙席
きんえんせき

금연석과 흡연석이 있습니다만….
禁煙席と喫煙席がございますが…。
きんえんせき　きつえんせき

➕ 喫煙席 흡연석
きつえんせき

카운터석
カウンター席
せき

테이블석도 카운터석도 만석입니다.
テーブル席もカウンター席も満席です。
せき　　　　　　　　　せき　　まんせき

➕ テーブル席 테이블석
せき

창가 자리 ⭐
窓側の席
まどがわ　せき

창가 자리를 예약하고 싶습니다만….
窓側の席を予約したいのですが…。
まどがわ　せき　よやく

➕ 通路側の席 통로 쪽 자리
つうろがわ　せき

대기 시간, 웨이팅
待ち時間
ま　じ かん

대기 시간에 할 수 있는 시간 때우기 게임입니다.
待ち時間にできる暇つぶしゲームです。
ま　じ かん　　　　　　　ひま

단골
行きつけ
い

이곳이 제 단골 레스토랑입니다.
ここが私の行きつけのレストランです。
わたし　い

❗ 行きつけの+가게 단골(가게)
い

명사

🍙 **일본어 단어, 궁금해요!**

Q 「〜つけ」는 무슨 의미인지 궁금해요.

A 行きつけ의 つけ는 동사 つける에서 왔어요. つける는 '평소부터 익숙해져 있다'라는 의미예요. 따
　라서 行く(가다)와 합쳐져 '자주 가서 익숙해지다'라는 의미가 되었어요. 이 외에도 かかりつけ(항
　상 다니는 병원)가 있어요.

★은 꼭 알아야 할 일상 필수 어휘입니다.

주문 ★
(ご)注文
ちゅうもん

주문 전에 자리를 잡아 주세요.
ご注文の前に席をお取りください。

키오스크
セルフオーダー
キオスク

키오스크로 주문할 수 있습니다.
セルフオーダーキオスクで注文できます。

❗ キオスク만 말하면 JR역 내에 있는 가게를 떠올리는 사람이 많음

발매기
券売機
けんばいき

발매기로 먹고 싶은 라면을 골라 주세요.
券売機で食べたいラーメンを選んでください。

대표 메뉴 ★
定番メニュー
ていばん

양식점의 대표 메뉴는 오므라이스입니다.
洋食店の定番メニューはオムライスです。

➕ 定食 정식

굽기 정도
焼き加減
やかげん

고기 굽기 정도는 어떻습니까?
お肉の焼き加減はいかがですか。

❗ 명사+加減 ~의 정도

면 익힘 정도
麺の硬さ
めんかた

이 라면 가게에서는 면 익힘 정도를 고를 수 있습니다.
このラーメン屋では麺の硬さが選べます。

➕ 硬い 단단하다

맵기 정도 ★
辛さ
から

카레의 맵기 정도는 조절 가능합니다.
カレーの辛さは調節できます。

➕ 辛口 매운맛이 강한 음식, 그런 음식을 좋아하는 사람

면 추가
替え玉
（か・だま）

다이어트 중이라서 면 추가는 안 하겠습니다.

ダイエット中なので、替え玉はやめます。
（ちゅう）（か・だま）

곱빼기
大盛り
（おお・も）

곱빼기도 무료인데 어떻게 하시겠습니까?

大盛りも無料ですが、いかがなさいますか。
（おお・も）（む・りょう）

➕ 中盛り 중간 사이즈 ➕ 並盛 보통 사이즈
（ちゅう・も）　　　　（なみ・もり）

호출 버튼
呼び出しボタン
（よ・だ）

테이블 위에 호출 버튼이 있습니다.

テーブルの上に呼び出しボタンがあります。
（うえ）（よ・だ）

❗ 呼び出す（불러내다）+ボタン（버튼）
（よ・だ）

수량
数量
（すうりょう）

수량 변경을 부탁드립니다.

数量の変更をお願いします。
（すうりょう）（へんこう）（ねが）

차가운 물 ⭐
お冷
（ひや）

뜨거운 물보다 차가운 물을 마시고 싶습니다.

お湯よりお冷が飲みたいです。
（ゆ）（ひや）（の）

➕ お湯 뜨거운 물
（ゆ）

물수건
おしぼり

주문하기 전에 물과 물수건을 내줍니다.

注文する前に水とおしぼりを出してくれます。
（ちゅうもん）（まえ）（みず）（だ）

➕ ウェットティッシュ 물티슈

소스
タレ

소스에 찍어서 드세요.

タレにつけて食べてください。
（た）

➕ ソース 소스

🍇 **일본어 단어, 궁금해요!**

Q '소스'를 뜻하는 タレ와 ソース의 차이가 궁금해요.

A タレ는 주로 양식 외의 요리에 사용하며 요리 중 혹은 먹기 직전에 찍어 먹는 것이 일반
적이에요. 반면 ソース는 주로 양식에 사용하며 요리 중 혹은 먹기 전에 뿌려 먹는 것이
일반적이에요.

강의 보기

37. 카페

★은 꼭 알아야 할 일상 필수 어휘입니다.

찻집, 카페
きっさてん
喫茶店 ★

복고풍 분위기의 찻집이 인기입니다.
レトロな雰囲気の喫茶店が人気です。

➕ カフェ 카페

홈 카페
おうちカフェ

홈 카페라면 매일 즐길 수 있습니다.
おうちカフェなら毎日楽しめます。

❗ うち(우리 집)+カフェ(카페)

매장 이용
てんないりよう
店内利用

매장 이용 시간은 요일별로 다릅니다.
店内利用時間は曜日ごとに異なります。

포장, 테이크 아웃
も　かえ
お持ち帰り ★

여기서 드십니까, 포장이십니까?
ここで召し上がりますか、お持ち帰りですか。

❗ 持つ(갖다, 들다)+帰る(돌아가(오)다)

차
ちゃ
お茶 ★

저는 차를 마시면 밤 늦게까지 잘 수 없습니다.
私はお茶を飲むと、夜遅くまで眠れません。

카페인
カフェイン

카페인을 너무 많이 섭취하지 않도록 합시다.
カフェインを摂りすぎないようにしましょう。

디카페인
デカフェ

디카페인이라면 자기 전에도 즐길 수 있습니다.
デカフェなら寝る前にも楽しめます。

➕ カフェインレス 디카페인

90 이번에 제대로 맛있는 일본어 단어장

시럽

シロップ

아이스 커피에 설탕 시럽을 넣습니까?

アイスコーヒーにガムシロップを入れますか。

두유
とうにゅう
豆乳

우유 대신에 두유를 넣습니다.

牛乳の代わりに豆乳を入れます。

➕ ソイミルク 두유

휘핑크림

ホイップクリーム

휘핑크림 넉넉하게 주세요.

ホイップクリームを多めにしてください。

일회용
つか　す
使い捨て

매장 안에서 일회용 컵은 사용할 수 없습니다.

店内で使い捨てカップは使えません。

❗ 使う(사용하다)+捨てる(버리다)

빨대 ★

ストロー

스무디는 가는 빨대로는 마시기 어렵다.

スムージーは細いストローでは吸いにくい。

➕ スリーブ 컵 홀더

추가
つい　か
追加

디저트도 추가로 주문했습니다.

デザートも追加で注文しました。

모바일 주문

モバイルオーダー

모바일 주문을 도입하는 가게가 늘었다.

モバイルオーダーを導入する店が増えた。

명사

🐷 **일본어 단어, 궁금해요!**

Q きっさてん喫茶店과 カフェ의 정확한 구분이 궁금해요.

A 喫茶店과 カフェ는 영업 허가 등의 법적인 차이가 있었지만, 현재는 엄밀한 구별 없이
きっさてん喫茶店은 복고풍의 찻집 이미지, カフェ는 트렌드한 느낌의 카페를 떠올릴 수 있어요.

강의 보기

★은 꼭 알아야 할 일상 필수 어휘입니다.

이자카야 ★ いざかや **居酒屋**	이자카야에서는 연령 확인을 합니다. いざかや ねんれいかくにん 居酒屋では年齢確認をします。 ⓘ 일본식 술집으로 맥주나 츄하이, 일본 술 등을 제공
포장마차 や たい **屋台**	라면이나 우동을 판매하는 포장마차가 많습니다. はんばい や たい おお ラーメンやうどんを販売する屋台が多いです。
술 ★ さけ **お酒**	술은 약하지만 이자카야의 분위기가 좋다. さけ よわ いざかや ふんいき す お酒に弱いが、居酒屋の雰囲気が好き。
맥주 ★ **ビール**	하루의 끝에 맥주를 마십니다. いちにち お の １日の終わりにビールを飲みます。 なま ⊕ 生ビール 생맥주
일본 술, 청주 に ほんしゅ **日本酒**	일본 술은 좋아하지만 잘 알지는 못한다. に ほんしゅ す くわ 日本酒は好きだけど詳しくはない。 あつ ⊕ 熱かん 따뜻하게 데운 술
하이볼 **ハイボール**	하이볼에 맞는 위스키를 고릅니다. あ えら ハイボールに合うウィスキーを選びます。
지역 술 じ ざけ **地酒**	여행을 갈 때는 지역 술을 사옵니다. りょこう い じ ざけ か 旅行に行くときは、地酒を買ってきます。

식전 안주
お通し (とお)

식전 안주는 주문하지 않아도 나옵니다.

お通しは注文しなくても出てきます。
(とお / ちゅうもん / で)

❗ 주문한 음식이 나오기 전에 자릿세 개념으로 나오는 간단한 음식

안주
おつまみ

술을 마시면서 안주를 먹습니다.

お酒を飲みながらおつまみを食べます。
(さけ / の / た)

➕ つまむ (손끝, 젓가락 등으로) 집다, 집어먹다

건배 ⭐
乾杯 (かん ぱい)

그럼 건배합시다. 건배!

それでは乾杯しましょう。乾杯！
(かんぱい / かんぱい)

❗ 杯を乾す (잔을 비우다)에서 만들어진 단어 (さかずき / ほ)

리필 ⭐
お代わり (か)

밥 리필은 무료입니다.

ご飯のお代わりは無料です。
(はん / か / むりょう)

앞접시
取り皿 (と / ざら)

나눠 먹고 싶은데 앞접시를 받을 수 있을까요(주실 수 있나요)?

取り分けたいので取り皿をもらえますか。
(と / わ / と / ざら)

❗ 取る(집다)+皿(접시) (と / さら)

단골
常連 (じょうれん)

단골 손님의 얼굴은 기억하고 있습니다.

常連客の顔は覚えています。
(じょうれんきゃく / かお / おぼ)

➕ 常連客 단골 손님 (じょうれんきゃく)

술 취한 사람
酔っ払い (よ / ぱら)

술 취한 사람 이야기는 흘려보내라.

酔っ払いの話は聞き流しなさい。
(よ / ぱら / はなし / き / なが)

➕ 酔っ払う 취하다 (よ / ぱら)

숙취
二日酔い (ふつか よ)

숙취 때문에 일을 쉰 적이 있습니다.

二日酔いで仕事を休んだことがあります。
(ふつか よ / しごと / やす)

❗ 二日(이틀)+酔い(취함) (ふつか / よ)

명사

Track039

★은 꼭 알아야 할 일상 필수 어휘입니다.

국내
こく ない
国内 ★

국내 여행은 2박 3일이면 충분합니다.
こくないりょこう　にはくみっか　じゅうぶん
国内旅行は2泊3日で十分です。

혼자 떠나는 여행
ひとり たび
一人旅

첫 혼자 떠나는 여행이라 긴장됩니다.
はじ　　　　　ひとり たび　　　　　きんちょう
初めての一人旅なので、緊張します。

❗ 一人(혼자)+旅(여행)

당일치기 여행
ひ がえ　　りょこう
日帰り旅行

시간을 낼 수 없어서 당일치기 여행을 했다.
じかん　と　　　　　　ひ がえ　りょこう
時間が取れなくて日帰り旅行をした。

❗ 日(일)+帰り(돌아옴)+旅行(여행)

성지순례
せい ち じゅんれい
聖地巡礼

최근 애니메이션 성지순례를 하는 사람이 많습니다.
さいきん　　　　　　　せい ち じゅんれい　　　　ひと　おお
最近、アニメの聖地巡礼をする人が多いです。

문화유산
ぶん か い さん
文化遺産

문화유산을 둘러보는 여행을 하고 싶습니다.
ぶん か い さん　めぐ　たび
文化遺産を巡る旅をしたいです。

➕ せ かい い さん
世界遺産 세계 유산

숨은 명소
あな ば
穴場

알려지지 않은 숨은 명소를 소개합니다.
し　　　　　　　　　あな ば　　　　　　しょうかい
知られていない穴場スポットを紹介します。

❗ 본래 낚시 용어로, 穴(구멍)는 '숨은', 場는 '장소'의 의미

축제
まつ
祭り ★

축제에서는 금붕어 뜨기도 즐길 수 있습니다.
まつ　　　　きんぎょ　　　　　たの
祭りでは金魚すくいも楽しめます。

➕ ぎ おんまつ　　　　　　　　 ➕ てんじんまつ
祇園祭り 기온마츠리　　 天神祭り 텐진마츠리

➕ かん だ まつ
神田祭り 칸다마츠리

꽃놀이, 꽃구경 ★
はなみ
花見

벚꽃 명소는 꽃놀이로 혼잡합니다.
さくら　めいしょ　　はなみ　こんざつ
桜の名所はお花見で混雑します。

はなび
➕ 花火 불꽃놀이

단풍놀이, 단풍구경
もみじ　が
紅葉狩り

여름은 물놀이, 가을은 단풍놀이지요.
なつ　みずあそ　　あき　もみじ　が
夏は水遊び、秋は紅葉狩りですね。

もみじ　　　　　か
❗ 紅葉(단풍)+狩り(사냥)

여관
りょかん
旅館

느긋하게 지낼 수 있는 여관을 좋아합니다.
りょかん　す
ゆっくりできる旅館が好きです。

❗ 일반적으로 일본 양식의 구조 및 설비를 갖춘 곳을 의미

일본식 방
わしつ
和室

그 일본식 방에는 다다미가 깔려 있습니다.
わしつ　　たたみ　し
その和室には畳が敷いてあります。

わ
❗ 평화, 화합을 의미하는 한자 和는 일본을 나타냄

송영, 픽업
そうげい
送迎

이 호텔에서는 송영 서비스를 실시하고 있습니다.
そうげい　　　　　おこな
このホテルでは送迎サービスを行っています。

지역 특산품, 기념품 ★
みやげ
お土産

이곳에서 밖에 살 수 없는 지역 특산품은 무엇이 있습니까?
か　　　　みやげ　なに
ここでしか買えないお土産は何がありますか。

て みやげ
➕ 手土産 방문할 때 들고 가는 간단한 선물

기분 전환
き ば
気晴らし

기분 전환으로 드라이브를 가고 싶습니다.
き ば　　　　　　い
気晴らしにドライブに行きたいです。

일본어 단어, 궁금해요!

Q '여행'을 뜻하는 旅와 旅行의 차이가 궁금해요.
たび　りょこう

A 旅行은 관광이나 쇼핑 등 명확한 목적을 갖고 떠나는 반면, 旅는 주로 계획 없이 떠날
りょこう　　　　　　　　　　　　　　　　　　　　　　　　　　　　　　　　たび
때 사용해요.

강의 보기

Track040

★은 꼭 알아야 할 일상 필수 어휘입니다.

해외 ★
かいがい
海外

해외 여행은 새로운 경험을 할 기회입니다.
かいがいりょこう あたら けいけん き かい
海外旅行は新しい経験をする機会です。

전세계 ★
せ かいじゅう
世界中

저의 꿈은 전세계를 여행하는 것입니다.
わたし ゆめ せ かいじゅう たび
私の夢は世界中を旅することです。

　　　　➕ せ かいいち
　　　　世界一~ 전세계에서 가장 ~함

외국인 ★
がいこくじん
外国人

일본을 방문하는 외국인 관광객은 많습니다.
に ほん おとず がいこくじんかんこうきゃく おお
日本を訪れる外国人観光客は多いです。

　　　　➊ がいこく じん
　　　　外国(외국)+人(사람)

대사관
たい し かん
大使館

해외에서 곤란하면 대사관으로 연락해 주세요.
かいがい こま たいしかん れんらく
海外で困ったら大使館に連絡してください。

분실물 센터
お もの
落とし物センター

지갑은 분실물 센터에도 없었다.
さい ふ お もの
財布は落とし物センターにもなかった。

　　　　➕ わす もの
　　　　お忘れ物センター 분실물 센터

저가 항공사
かく やすこう くうがいしゃ
格安航空会社

저가 항공사 전용 터미널은 저쪽입니다.
かくやすこうくうがいしゃせんよう
格安航空会社専用のターミナルはあちらです。

면세품
めんぜいひん
免税品

면세품을 구입할 때에는 여권이 필요하다.
めんぜいひん こうにゅう さい ひつよう
免税品を購入する際にはパスポートが必要だ。

　　　　➕ めんぜいてん
　　　　免税店 면세점

| 여행사
りょこうがいしゃ
旅行会社 | 이번에는 여행사를 이용하기로 했다.
こんかい　りょこうがいしゃ　りょう
今回は旅行会社を利用することにした。 |

| 환전소
りょうがえじょ
両替所 | 수수료는 환전소에 따라서 다릅니다.
て すうりょう　りょうがえじょ　こと
手数料は両替所によって異なります。
➕ きんけん
金券ショップ 상품권 가게(환전이 가능한 각종 티켓 할인 가게) |

| 사진 명소
ば
映えスポット | 사진 명소이니 놓치지 마세요.
ば　み のが
映えスポットなので見逃さないでください。
❗ ばえる(사진, 영상 등이 예쁘게 찍히다)+スポット(장소) |

| 구경
けん ぶつ
見物 | 후쿠오카는 구경할 곳이 많습니다.
ふくおか　けんぶつ　ところ　おお
福岡は見物する所が多いです。 |

| 시차
じ さ
時差 | 일본과 하와이의 시차는 19시간입니다.
に ほん　じ さ　じゅうく じ かん
日本とハワイの時差は１９時間です。
➕ じ さ
時差ぼけ 시차 부적응으로 인한 병 |

| 문화 충격
カルチャー
ショック | 해외에서 문화 충격을 받았다.
かいがい　う
海外でカルチャーショックを受けた。 |

| 변환 어댑터
へん かん
変換プラグ | 미국에 갈 때 변환 어댑터가 필요하다.
い とき　へんかん　ひつよう
アメリカに行く時、変換プラグが必要だ。 |

일본어 단어, 궁금해요!

Q せ かいじゅう
世界中의 「中」의 읽는 방법이 궁금해요.

A 中는 ① なか, ② ちゅう, ③ じゅう라고 읽어요. ①의 경우 공간 '안'을 나타낼 때 주로 사용하고, ②의 경우 전체 범위 중 일부를 나타내요. 예를 들어, じゅぎょうちゅう
授業中(수업 중), かい ぎ ちゅう
会議中(회의 중)이 있어요. ③의 경우 전체 범위를 나타내거나 기간 내내 어떤 행위를 할 때 사용해요. 예를 들어, せ かいじゅう
世界中(전세계), いちにちじゅう
一日中(하루 종일) 등이 있어요.

💬 회화 Talk!

Talk① | 맛집은 줄 서야 제 맛

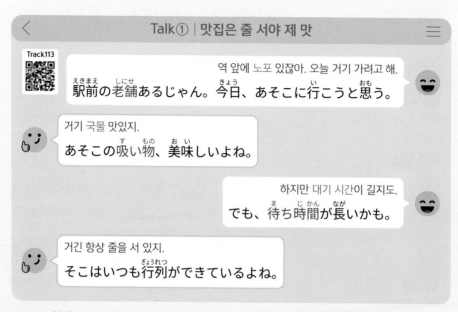

Track113

> 역 앞에 노포 있잖아. 오늘 거기 가려고 해.
> 駅前の老舗あるじゃん。今日、あそこに行こうと思う。

> 거기 국물 맛있지.
> あそこの吸い物、美味しいよね。

> 하지만 대기 시간이 길지도.
> でも、待ち時間が長いかも。

> 거긴 항상 줄을 서 있지.
> そこはいつも行列ができているよね。

New 단어 駅前 역 앞 今日 오늘 行く 가다 思う 생각하다 美味しい 맛있다 でも 하지만 長い 길다
いつも 항상 行列ができる 줄을 서다, 줄이 생기다

Talk② | 인생사진 명소

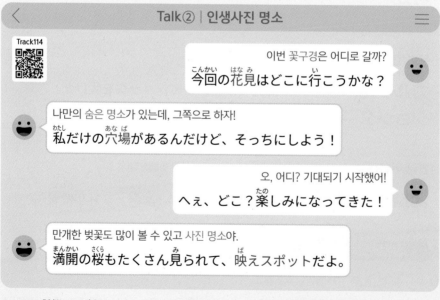

Track114

> 이번 꽃구경은 어디로 갈까?
> 今回の花見はどこに行こうかな？

> 나만의 숨은 명소가 있는데, 그쪽으로 하자!
> 私だけの穴場があるんだけど、そっちにしよう！

> 오, 어디? 기대되기 시작했어!
> へぇ、どこ？楽しみになってきた！

> 만개한 벚꽃도 많이 볼 수 있고 사진 명소야.
> 満開の桜もたくさん見られて、映えスポットだよ。

New 단어 今回 이번 楽しみ 기대 満開 만개 桜 벚꽃 たくさん 많이 見る 보다

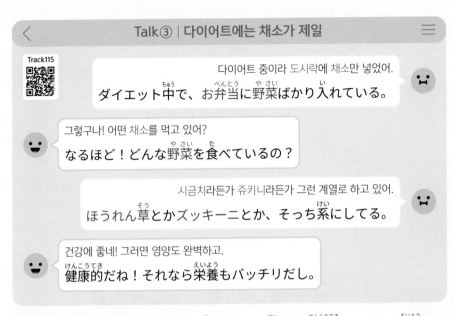

Track115

다이어트 중이라 도시락에 채소만 넣었어.
ダイエット中で、お弁当に野菜ばかり入れている。

그렇구나! 어떤 채소를 먹고 있어?
なるほど！どんな野菜を食べているの？

시금치라든가 쥬키니라든가 그런 계열로 하고 있어.
ほうれん草とかズッキーニとか、そっち系にしてる。

건강에 좋네! 그러면 영양도 완벽하고.
健康的だね！それなら栄養もバッチリだし。

New 단어 ダイエット 다이어트 入れる 넣다 食べる 먹다 ～系 ~계열 健康的だ 건강에 좋다 栄養 영양

バッチリ 완벽, 충분

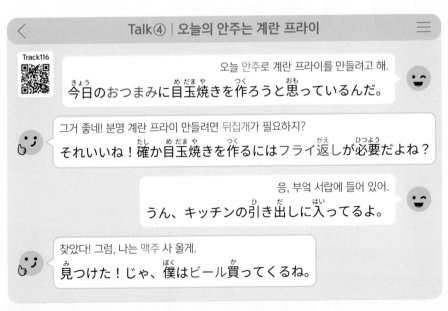

Track116

오늘 안주로 계란 프라이를 만들려고 해.
今日のおつまみに目玉焼きを作ろうと思っているんだ。

그거 좋네! 분명 계란 프라이 만들려면 뒤집개가 필요하지?
それいいね！確か目玉焼きを作るにはフライ返しが必要だよね？

응, 부엌 서랍에 들어 있어.
うん、キッチンの引き出しに入ってるよ。

찾았다! 그럼, 나는 맥주 사 올게.
見つけた！じゃ、僕はビール買ってくるね。

New 단어 目玉焼き 계란 프라이 作る 만들다 確か 분명 必要だ 필요하다 キッチン 부엌, 주방

引き出し 서랍 見つける 찾다, 발견하다 買う 사다

Chapter 3

일상생활 속

명사.zip
(3)

명사는 사물이나 사람, 장소 등의 이름을 나타내며 문장을 구성하는
핵심 요소예요. 명사를 많이 알고 있으면 다양한 주제에 대해 이야기
할 수 있어 일본어 어휘력을 키우는 데 필수적이에요.

나의 생활과 세상의 연결

Track041

★은 꼭 알아야 할 일상 필수 어휘입니다.

야구
や きゅう
野球 ★

공원에서 야구를 하며 놀았습니다.
こうえん や きゅう あそ
公園で野球をして遊びました。

수영
すい えい
水泳 ★

수영에는 다이어트 효과가 있습니다.
すいえい こう か
水泳にはダイエット効果があります。

탁구
たっきゅう
卓球

탁구는 4명까지 가능하죠?
たっきゅう よ にん
卓球は４人までできますよね。

배구
バレーボール

체육 시간에 배구 연습을 했다.
たいいく じ かん れんしゅう
体育の時間にバレーボールの練習をした。

❗ 줄여서 バレー라고도 함

스모
すもう
相撲

스모는 일본의 전통적인 스포츠입니다.
すもう に ほん でんとうてき
相撲は日本の伝統的なスポーツです。

시합
し あい
試合 ★

시합은 졌지만 좋은 공부가 되었습니다.
し あい ま べんきょう
試合は負けましたが、いい勉強になりました。

월드컵
ワールドカップ

월드컵은 4년마다 개최됩니다.
よ ねん かいさい
ワールドカップは４年ごとに開催されます。

❗ W杯라고도 함

➕ 五輪/オリンピック 올림픽

우승
ゆうしょう
優勝

아마 그의 팀이 우승하겠지요.

おそらく彼のチームが優勝するでしょう。

무승부
ひ　わ
引き分け

무승부인 경우, 재시합을 합니다.

引き分けの場合、再試合を行います。

연습
れんしゅう
練習

연습은 시합처럼, 시합은 연습처럼

練習は試合のように、試合は練習のように。

응원
おう えん
応援

저 팀을 응원하고 있습니다.

あのチームを応援しています。

재능
さいのう
才能

스포츠는 재능이 전부라고는 생각하지 않습니다.

スポーツは才能がすべてだとは思いません。

선수
せんしゅ
選手

축구 선수로서 활약하고 있습니다.

サッカー選手として活躍しています。

➕ 選択 선택　➕ 補欠 후보 선수

감독
かんとく
監督

감독 덕분에 우승할 수 있었습니다.

監督のおかげで優勝できました。

➕ コーチ 코치

재활 치료

リハビリ

저 선수는 아직 재활 치료 중입니다.

あの選手はまだリハビリ中です。

Track042

★은 꼭 알아야 할 일상 필수 어휘입니다.

공연 こうえん **公演** ★	공연 티켓은 전부 매진되어 버렸다. 公演のチケットはすべて売り切れてしまった。
회장 かいじょう **会場** ★	콘서트 회장은 많은 사람이 들어갈 수 있습니다. コンサート会場はたくさんの人が入れます。
연극 えんげき **演劇**	연극 공연 정보를 소개합니다. 演劇の公演情報を紹介します。 ➕ 演技 연기
무대 ぶたい **舞台**	배우로서 무대에 서는 것이 꿈입니다. 俳優として舞台に立つのが夢です。
미남 역할 にまいめ **二枚目**	멋있는 그는 미남 역할을 연기한다. かっこいい彼は二枚目を演じる。 ❗ 가부키 출연 리스트에서 두 번째로 이름이 쓰여서 二枚目라고 함 ➕ 一枚目 주인공 ➕ 三枚目 개그 담당
전시회 てんじかい **展示会**	기업은 전시회에서 신제품을 발표했습니다. 企業は展示会で新製品を発表しました。 ➕ 展示品 전시품
박람회 はくらんかい **博覧会**	과학기술 박람회가 도쿄에서 열립니다. 科学技術博覧会が東京で開かれます。

관객 かんきゃく 観客 ⭐	5000명이 넘는 관객이 모였다. ごせん にん こ かんきゃく あつ 5000人を超える観客が集まった。

인파, 붐빔 ひと ご 人込み	미술관은 엄청난 인파였습니다. び じゅつかん たいへん ひと ご 美術館は大変な人込みでした。

스포일러 ネタバレ	아직 안 봤기 때문에 스포일러 금지예요. み きん し まだ見てないのでネタバレ禁止ですよ。

❗ ネタ(재료, 소재)+ばれる(발각되다, 드러나다)

줄거리 あらすじ	줄거리만으로 판단할 수는 없습니다. はんだん あらすじだけで判断することはできません。

감동 かん どう 感動 ⭐	감동해서 울어버렸습니다. かんどう な 感動して泣いてしまいました。

➕ かんじょう 感情 감정

감상, 소감 かん そう 感想 ⭐	뮤지컬을 본 감상을 써 보았다. み かんそう か ミュージカルを観た感想を書いてみた。

주최 しゅ さい 主催	시 주최 마라톤 대회에 참가합니다. し しゅさい たいかい さん か 市主催のマラソン大会に参加します。

🍇 일본어 단어, 궁금해요!

Q ネタバレ의 ネタ는 외래어도 아닌데 왜 카타카나로 쓰는지 궁금해요.

A ネタ는 '씨앗'을 뜻하는 た
種를 거꾸로 한 단어로, ① 신문이나 소설 등의 소재, ② 초밥의 재료, ③ 증거를 의미해요. 새롭게 만들어진 단어이기 때문에 카타카나로 표기한답니다. 외래어 외에도 간판, 강조하는 경우에 카타카나로 표기해요.

★은 꼭 알아야 할 일상 필수 어휘입니다.

은행
ぎんこう
銀行

은행에서 신권으로 바꾸었습니다.

ぎんこう　しんさつ　か
銀行で**新札**に**変**えました。

➕ 銀行窓口 은행 창구

계좌
こう ざ
口座

계좌 개설은 어플로도 가능합니다.

こう ざ かいせつ
口座開設はアプリでもできます。

➕ 通帳 통장

비밀번호
あんしょうばんごう
暗証番号

계좌의 비밀번호를 잊어버렸습니다.

こう ざ　あんしょうばんごう　わす
口座の**暗証番号**を**忘**れてしまいました。

➕ パスワード 비밀번호, 패스워드

입금
ふ こ
振り込み

인터넷으로 24시간 입금이 가능하다.

にじゅうよ じ かん ふ こ
ネットで２４**時間振り込み**ができる。

➕ 引き出し 인출

이체
ひ お
引き落とし

집세는 자동 이체로 지불하고 있습니다.

や ちん　じ どう ひ お　し はら
家賃は**自動引き落とし**で**支払**っています。

잔액
ざんだか
残高

잔액 부족으로 이체할 수 없었습니다.

ざんだか ぶ そく ひ お
残高不足で**引き落とし**ができませんでした。

이자
り そく
利息

은행에서 이자는 얼마부터 붙습니까?

ぎんこう　り そく
銀行で**利息**はいくらからつきますか。

저금 ⭐	수입이 적어서 저금을 할 수 없습니다.
貯金 ちょきん	収入が少なくて貯金ができません。 しゅうにゅう すく ちょきん

절약 ⭐	식비를 절약하기 위해서 도시락을 만들고 있습니다.
節約 せつやく	食費を節約するために弁当を作っています。 しょくひ せつやく べんとう つく

현금 ⭐	시골은 현금만 받는 곳도 아직 있습니다.
現金 げんきん	田舎は現金のみもまだまだあります。 いなか げんきん

신용카드	저는 3장의 신용카드를 갖고 있습니다.
クレジットカード	私は3枚のクレジットカードを持っています。 わたし さんまい も

체크카드, 직불카드	이 체크카드는 해외에서 사용할 수 있습니까?
デビットカード	このデビットカードは海外で使えますか。 かいがい つか

수수료	ATM에서 돈을 인출하면 수수료가 든다.
手数料 て すうりょう	ＡＴＭでお金を下ろすと手数料がかかる。 えーてぃーえむ かね お て すうりょう

카드 대출	카드 대출을 이용하는 이유는 무엇입니까?
カードローン	カードローンを利用する理由は何ですか。 りよう りゆう なん

명사

🐷 **일본어 단어, 궁금해요!**

Q '비밀번호'를 뜻하는 暗証番号와 パスワード의 차이가 궁금해요.
あんしょうばんごう

A 暗証番号는 주로 통장, 카드 등 금전과 관련된 경우에 사용하고 숫자로 이루어져 있어
あんしょうばんごう
요. 반면 パスワード는 주로 로그인, Wi-Fi의 비밀번호 등에 사용하고 영어와 숫자, 기
호의 조합으로 이루어져 있답니다.

강의 보기

Track044

★은 꼭 알아야 할 일상 필수 어휘입니다.

경제 ★
けいざい
経済

경제에 관한 뉴스를 전해드립니다.

経済に関するニュースをお届けします。

➕ 経済 경영

소비
しょうひ
消費

쓸데없는 소비는 삼가자.

無駄な消費は控えよう。

➕ 消費税 소비세

물가
ぶっか
物価

물가 상승의 영향으로 생활비가 부족합니다.

物価上昇の影響で生活費が足りません。

환율
かわせ
為替レート

환율은 1엔 단위로 표현됩니다.

為替レートは1円単位で表現されます。

가치
かち
価値

10년 후에도 가치가 떨어지지 않는 손목 시계입니다.

10年後も価値が下がらない腕時計です。

경기
けいき
景気

경기가 나쁘면 상품이 팔리지 않게 됩니다.

景気が悪いと商品が売れなくなります。

➕ 好景気 호황 ➕ 不景気 불황

회복
かいふく
回復

경제가 회복되고 있습니다.

経済が回復しています。

부진, 침체
ていめい
低迷

실적이 계속 부진했습니다.
ぎょうせき　　ていめい　　つづ
業績が低迷し続けました。

재테크
ざい
財テク

재테크로 재산을 늘립니다.
ざい　　　　ざいさん　　ふ
財テクで財産を増やします。

❶ 財務(재무)+テクノロジー(테크놀로지)
ざい む

가격 인상
ね　あ
値上げ

기름값 인상으로 힘듭니다.
だい ね あ　　　　たいへん
ガソリン代値上げで大変です。

➕ 値下げ 가격 인하
ね さ

빚
しゃっきん
借金

빚을 갚기 위해 아르바이트를 시작했습니다.
しゃっきん　かえ　　　　　　　　　　はじ
借金を返すためにアルバイトを始めました。

➕ 借金だらけ 빚 투성이
しゃっきん

투자
とう し
投資

투자를 잘 알지 못하기 때문에 저금밖에 하지 않습니다.
とう し　くわ　　　　　　　　ちょきん
投資に詳しくないので、貯金しかしません。

주식
かぶしき
株式

주식 투자로 실패해버렸습니다.
かぶしきとう し　　しっぱい
株式投資で失敗してしまいました。

➕ 株式会社 주식회사
かぶしきがいしゃ

부자 ⭐
かね も
お金持ち

부자가 행복하다고는 할 수 없습니다.
かね も　　　　しあわ　　　　かぎ
お金持ちが幸せだとは限りません。

가난 ⭐
びん ぼう
貧乏

가난이 이유로 대학을 그만두었습니다.
びんぼう　　りゆう　　だいがく
貧乏が理由で大学をやめました。

➕ 貧乏人 가난한 사람　➕ 貧乏ゆすり 다리 떨기
びんぼうにん　　　　　　　　びんぼう

명사

45 TV/인터넷

Track045

★은 꼭 알아야 할 일상 필수 어휘입니다.

프로그램 ★
ばんぐみ
番組

매일 아침 방송되는 프로그램입니다.
まいあさほうそう
ばんぐみ
毎朝放送される番組です。

➕ ばんぐみひょう 番組表 편성표

코미디 프로그램
わら
ばんぐみ
お笑い番組

제 취미는 코미디 프로그램을 보는 것입니다.
わたし しゅみ わら ばんぐみ み
私の趣味はお笑い番組を見ることです。

➕ わら げいにん お笑い芸人 예능인

생방송
なま ほう そう
生放送

이 프로그램은 생방송으로 보내 드립니다.
ばんぐみ なまほうそう とど
この番組は、生放送でお届けします。

➕ なまちゅうけい 生中継 생중계

게츠쿠
げつ く
月9

게츠쿠의 출연자는 누구입니까?
げつく だれ
月9のキャストは誰ですか。

❗ 후지 텔레비전에서 월요일 밤 9시에 하는 드라마

구독 서비스
サブスク

영화를 좋아한다면 구독 서비스를 추천합니다.
えい が ず
映画好きならサブスクをおすすめします。

➕ ネトフリ 넷플릭스

연예인 ★
げいのう じん
芸能人

저 연예인은 혼혈입니다.
げいのうじん
あの芸能人はハーフです。

➕ げいのうかい 芸能界 연예계

배우
はい ゆう
俳優

그 배우는 연기를 잘하는 실력파입니다.
はいゆう えんぎ う ま じつりょく は
その俳優は演技が上手い実力派です。

➕ じょゆう 女優 여배우

인터넷 ⭐

インターネット

인터넷으로 전세계 사람들과 연결된다.

インターネットで世界中の人々と繋がる。

❶ 줄여서 ネット라고도 함

정보 ⭐

情報

인터넷 정보만 믿는 사람이 있습니다.

ネットの情報ばかり信じる人がいます。

검색

検索

인터넷에서 검색하면 나와요.

ネットで検索すれば出ますよ。

➕ 検査 검사 ➕ 検討 검토

익명

匿名

익명으로 코멘트를 쓸 수 있습니다.

匿名でコメントを書くことができます。

닉네임

ハンドルネーム

등록한 닉네임은 변경할 수 없습니다.

登録したハンドルネームは変更できません。

시간 때우기

暇つぶし

3명이서 할 수 있는 시간 때우기 게임을 소개하겠습니다.

３人でできる暇つぶしゲームを紹介します。

➕ 時間つぶし 시간 때우기

PC방

ネットカフェ

음료 무제한인 PC방도 있대요.

飲み放題のネットカフェもあるらしいです。

(Wi-Fi) 공유기

(Wi-Fi) ルーター

공유기의 비밀번호는 본체에 써 있다.

ルーターのパスワードは本体に書いてある。

명사

㊻ SNS/YouTube

Track046

★은 꼭 알아야 할 일상 필수 어휘입니다.

ID, 유저 네임

ユーザーネーム

이 ID는 사용할 수 없습니다.

このユーザーネームは使えません。

계정 ★

アカウント

계정을 찾을 수 없습니다.

アカウントが見つかりません。

➕ プロフィール 프로필

비밀 계정

裏垢
うら あか

연예인의 비밀 계정이 발각되었습니다.

芸能人の裏垢がバレました。
げいのうじん うらあか

❗ 垢는 원래 '때'를 의미하나, アカウント의 アカ와 발음이 같아 사용
あか

셀카

自撮り
じ ど

친구의 SNS에는 셀카밖에 없다.

友達のSNSには自撮りしかない。
ともだち えすえぬえす じ ど

인스타감

インスタ映え
ば

인스타감을 노린 상품입니다.

インスタ映えを狙った商品です。
ば ねら しょうひん

팔로우

フォロー

저는 지인밖에 팔로우하고 있지 않습니다.

私は知り合いしかフォローしていません。
わたし し あ

➕ 相互フォロー 맞팔
そう ご

차단

ブロック

전 남친에게 차단당했습니다.

元カレにブロックされました。
もと

알림
通知
つうち

SNS의 알림을 꺼 두었습니다.
SNSの通知をオフにしておきました。
えすえぬえす　つうち

➕ 広告 광고
こうこく

즐겨찾기, 마음에 듦
お気に入り
き い

즐겨찾기한 게시물만 볼 수 있다.
お気に入りの投稿だけを見ることができる。
き い　　　とうこう　　　み

➕ 気に入る 마음에 들다
き い

채널
チャンネル

일본어를 가르치는 채널을 소개합니다.
日本語を教えているチャンネルを紹介します。
にほんご　おし　　　　　　　　　　しょうかい

동영상 ★
動画
どうが

동영상을 만들어서 업로드합니다.
動画を作ってアップロードします。
どうが　つく

➕ 映像 영상
えいぞう

구독
登録
とうろく

그의 채널을 구독하고 있습니다.
彼のチャンネルを登録しています。
かれ　　　　　　　　とうろく

구독자
視聴者
しちょうしゃ

구독자 여러분 항상 고맙습니다.
視聴者の皆様、いつもありがとうございます。
しちょうしゃ　みなさま

라이브 방송
ライブ配信
はいしん

오늘 밤 오랜만에 라이브 방송합니다.
今夜、久しぶりにライブ配信します。
こんや　ひさ　　　　　　　　はいしん

명사

🐌 **일본어 단어, 궁금해요!**

Q 動画와 映像의 차이가 궁금해요.
どうが　えいぞう

A 動画는 주로 비전문가가 촬영한 영상으로 유튜브 등 Web상의 콘텐츠를 대부분 動画라
どうが　　　　　　　　　　　　　　　　　　　　　　　　　　　　　　　　　　　　どうが
고 해요. 반면 映像는 주로 전문가가 제작한 영화 및 TV 등의 콘텐츠를 의미해요.
　　　　　えいぞう

강의 보기

Track047

★은 꼭 알아야 할 일상 필수 어휘입니다.

스마트폰 ★

スマホ

전철 안에서 모두 스마트폰을 만지고 있습니다.

電車の中でみんなスマホをいじってます。

❶ スマホ首 거북목

영상통화

テレビ電話

유학 중인 아들과 영상통화를 합니다.

留学中の息子とテレビ電話をします。

(문자/메일) 수신함

受信トレイ

수신함의 메일이 없어졌습니다.

受信トレイのメールがなくなりました。

설정

設定

스마트폰 설정을 원래대로 돌리고 싶습니다.

スマホの設定を元に戻したいです。

배경화면

待ち受け画面

배경화면은 바다 사진입니다.

待ち受け画面は海の写真です。

❶ 待ち受け(대기)+画面(화면)

기능 ★

機能

스마트폰에는 번역 기능도 있습니다.

スマホには翻訳機能もあります。

어플 ★

アプリ

어플을 사용해서 영어를 배울 수 있습니다.

アプリを使って、英語を学ぶことができます。

❶ 起動 (어플) 실행

잠금

ロック

스마트폰 화면 잠금은 걸어 두고 있습니다.

スマホの画面ロックはかけています。

화면 캡처

スクショ

은행 어플의 화면 캡처는 안 됩니다.

銀行アプリのスクショはできません。

❗ スクリーンショット의 줄임말

이모티콘

スタンプ

상사에게 이모티콘을 보내도 됩니까?

上司にスタンプを送ってもいいですか。

➕ ステッカー 물체에 부착하는 스티커

무음

サイレント

회의 중에는 무음 모드로 하고 있습니다.

会議中はサイレントモードにしています。

진동

バイブ

진동 세기도 변경 가능합니다.

バイブの強さも変更できます。

착신 벨소리

着メロ

착신 벨소리는 무엇으로 설정하고 있습니까?

着メロは何に設定していますか。

❗ 着信メロディー의 줄임말

절전 모드

省電力モード

계속 절전 모드로 하는 것은 좋지 않다.

ずっと省電力モードにするのは良くない。

❗ 기종에 따라서는 低電力モード라고도 함

요금제

プラン

요금제는 데이터 용량에 따라 요금이 다르다.

プランはデータ容量によって料金が異なる。

48 농수산업/공업

Track048

★은 꼭 알아야 할 일상 필수 어휘입니다.

산업
さんぎょう
産業

세계에는 다양한 산업이 발전하고 있다.
世界にはさまざまな産業が発展している。

공업
こうぎょう
工業

공업이 활발한 지역에 공장이 많다.
工業が盛んな地域に工場が多い。

➕ 工事 공사

농업
のうぎょう
農業

농업을 시작하는 젊은이가 줄고 있다.
農業をはじめる若者が減っている。

➕ 農村 농촌

어업
ぎょぎょう
漁業

뱃멀미를 해도 어업에서 일할 수 있습니까?
船酔いしても、漁業で働けますか。

➕ 漁師 어부

생산 ★
せいさん
生産

이 공장에서는 자동차를 생산하고 있습니다.
この工場では自動車を生産しています。

기계 ★
きかい
機械

같은 것을 만들기 위해 기계를 사용한다.
同じものを作るために機械を使う。

제품
せいひん
製品

공장에서는 어떤 제품을 만들고 있습니까?
工場ではどんな製品を作っていますか。

➕ 商品 상품

기술 ⭐	장인의 기술은 흉내 낼 수 없습니다.
ぎ じゅつ 技術	しょくにん　ぎ じゅつ　ま ね 職人の技術は真似できません。 ➕ わざ 技 기술(특정 인물만이 할 수 있는 것)

수출	유럽에 전기제품을 수출하고 있다.
ゆ しゅつ 輸出	でん き せいひん　ゆ しゅつ ヨーロッパに電気製品を輸出している。 ➕ ゆ そう 輸送 수송

수입	베트남에서 수입한 소품입니다.
ゆ にゅう 輸入	ゆ にゅう　こ もの ベトナムから輸入した小物です。

무역	무역 회사에서 근무하고 있어서 해외 출장이 많습니다.
ぼう えき 貿易	ぼうえきがいしゃ　つと　　　　かいがいしゅっちょう　おお 貿易会社に勤めていて、海外出張が多いです。

일본제	일본제 손톱깎이를 찾고 있습니다.
に ほん せい 日本製	に ほんせい　つめ き　さが 日本製の爪切りを探しています。

국산	외국산의 고기보다 국산 쪽이 맛있다.
こく さん 国産	がいこくさん　にく　こくさん　ほう 外国産のお肉より国産の方がおいしい。

노동	노동시간은 법률로 정해져 있다.
ろう どう 労働	ろうどう じ かん　ほうりつ　き 労働時間は法律で決まっている。

명사

🍇 일본어 단어, 궁금해요!

Q 「〜製」와 「〜産」의 정확한 구분이 궁금해요.

A '만들어진 곳'과 '태어난 곳'으로 구분할 수 있답니다. 예를 들어, 일본에서 만들어진 자
동차의 경우 日本製, 일본에서 자란 버섯의 경우 日本産이라고 해요.

강의 보기

49 운전

Track049

★은 꼭 알아야 할 일상 필수 어휘입니다.

자가용 **マイカー**	자가용이 있으면 어디든 자유롭게 갈 수 있다. マイカーがあるとどこにでも自由に行ける。
면허 ★ めんきょ **免許**	운전면허를 취득하는데 얼마나 듭니까? 運転免許を取るにはいくらかかりますか。 ❶ 免許証を取る(면허증을 따다)라고 하지 않음
장롱면허 **ペーパー** **ドライバー**	운전 경험이 적은 장롱면허입니다. 運転経験が少ないペーパードライバーです。
초보 운전 스티커 しょしんしゃ **初心者マーク**	초보 운전 스티커는 1년간 붙입니다. 初心者マークは１年間つけます。
음주 운전 いんしゅ うんてん **飲酒運転**	숙취 운전은 음주 운전과 같습니다. 二日酔い運転は、飲酒運転と同じです。 ➕ 煽り運転 난폭/보복운전
졸음운전 い ねむ うんてん **居眠り運転**	하마터면 졸음운전할 뻔했습니다. あやうく居眠り運転するところでした。
렌터카 **レンタカー**	여행지에서 렌터카를 이용합니다. 旅行先でレンタカーを利用します。

위반
いはん
違反

속도위반으로 잡혔습니다.

スピード違反で捕まりました。

횡단보도
おうだんほどう
横断歩道

횡단보도가 아닌 곳을 건너서는 안 된다.

横断歩道ではない所を渡ってはいけない。

➕ 歩道橋 육교

명사

정체
じゅうたい
渋滞

길이 정체되어서 지각했다.

道が渋滞していて、遅刻した。

러시
ラッシュ

통근 러시를 피해 전철을 탑니다.

通勤ラッシュを避けて電車に乗る。

➕ ラッシュアワー 러시아워

주유소
ガソリンスタンド

주유소에 따라서 가격 차이가 있다.

ガソリンスタンドによって価格の差がある。

고속도로 휴게소
サービスエリア

피곤해서 고속도로 휴게소에 들릅니다.

疲れたので、サービスエリアに寄ります。

블랙박스
ドライブ
レコーダー

블랙박스는 사고의 증거가 된다.

ドライブレコーダーは事故の証拠になる。

일본어 단어, 궁금해요!

Q マイカーのように「マイ」가 들어간 단어가 또 있는지 궁금해요.

A マイ는 본인 소유 혹은 소속을 나타내는 영어 단어 My의 카타카나 표기예요. 단어 앞에 マイ를 붙여 본인 소유를 나타낸답니다. マイカー 외에 マイホーム(본인 소유의 집)도 있어요.

★은 꼭 알아야 할 일상 필수 어휘입니다.

운전기사 ★
うんてんしゅ
運転手

택시 운전기사는 길을 잘 안다.
うんてんしゅ みち くわ
タクシー運転手は道に詳しい。

うんてんしゃ
➕ 運転者 운전자

승객 ★
じょうきゃく
乗客

전철이 승객으로 붐비고 있다.
でんしゃ じょうきゃく こ
電車が乗客で混んでいる。

교통카드
こうつうけいあいしー
交通系ICカード

교통카드를 구입하고 싶습니다만….
こうつうけいあいしー こうにゅう
交通系ICカードを購入したいですが…。

정기권
ていきけん
定期券

통근을 위해 정기권을 샀습니다.
つうきん ていきけん か
通勤のために定期券を買いました。

ていきじょうしゃけん
❗ 定期乗車券(정기승차권)의 줄임말

충전

チャージ

근처 편의점에서 충전할 수 있습니다.
ちか
近くのコンビニでチャージできます。

❗ 'charge(충전)'에서 온 단어

요금 ★
りょうきん
料金

버스 요금은 운행 거리에 따라 결정됩니다.
りょうきん うんこうきょり き
バスの料金は運行距離により決まります。

りょうきんひょう
➕ 料金表 요금표

매표소 ★
きっぷうば
切符売り場

매표소에서 표를 사서 신칸센을 탄다.
きっぷうば きっぷ か しんかんせん の
切符売り場で切符を買って、新幹線に乗る。

우선석, 노약자석 ゆうせんせき **優先席**	우선석은 가급적 비워 둡니다. ゆうせんせき　　　　　　　あ 優先席はなるべく空けておきます。 ❗ 고령자, 장애인, 임산부 등에게 마련된 좌석
역 ⭐ えき **駅**	역에 도착하면 전화하겠습니다. えき　　つ　　　　でん わ 駅に着いたら電話します。 ❗ ○○駅의 경우 고유명사이므로 ○○の駅라고 하지 않음
환승 ⭐ の　　　か **乗り換え**	환승은 60분 이내로 부탁드립니다. の　　か　　　　ろくじゅっぷん い ない　　　　ねが 乗り換えは６０分以内でお願いします。 ❗ の　　　　　の　　　　　か 乗る(타다)+換える(바꾸다)
전철 막차 しゅうでん **終電**	전철 막차 시간에 맞도록 달렸습니다. しゅうでん　　ま　あ　　　　　はし 終電に間に合うように走りました。 ➕ しゅうでん　のが 終電を逃す 막차를 놓치다
만원 전철 まん いん でん しゃ **満員電車**	만원 전철을 타는 것은 스트레스가 됩니다. まんいんでんしゃ　　　　の 満員電車に乗ることはストレスとなります。
운행 시간, 운행표 **ダイヤ**	태풍의 영향으로 전철 운행 시간이 흐트러졌다. たいふう　　えいきょう　　でんしゃ　　　　　　みだ 台風の影響で電車のダイヤが乱れた。
스크린 도어 **ホームドア**	스크린 도어로 사고를 막을 수 있습니다. じ こ　　ふせ ホームドアで事故を防ぐことができます。

명
사

🐛 **일본어 단어, 궁금해요!**

Q　チャージと充電の차이가 궁금해요.

A　チャージ는 교통카드를 충전하는 것처럼 현금을 충전하는 경우에만 사용해요. 充電은
한자에서 알 수 있듯 전기를 보충한다는 뜻이에요. 가전제품의 배터리를 충전할 때 사용
해요.

강의 보기

💬 회화 Talk!

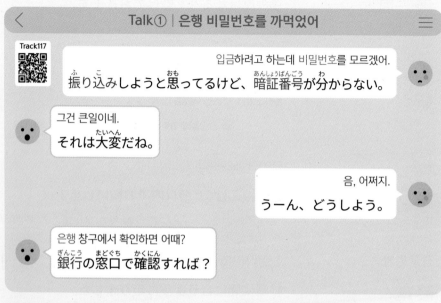

입금하려고 하는데 비밀번호를 모르겠어.

振り込みしようと思ってるけど、暗証番号が分からない。

그건 큰일이네.

それは大変だね。

음, 어쩌지.

うーん、どうしよう。

은행 창구에서 확인하면 어때?

銀行の窓口で確認すれば？

New 단어 思う 생각하다　分かる 알다　大変だ 큰일이다　窓口 창구　確認 확인

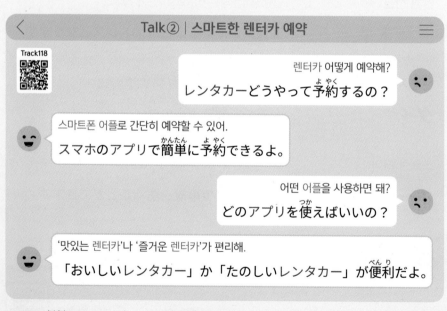

렌터카 어떻게 예약해?

レンタカーどうやって予約するの？

스마트폰 어플로 간단히 예약할 수 있어.

スマホのアプリで簡単に予約できるよ。

어떤 어플을 사용하면 돼?

どのアプリを使えばいいの？

'맛있는 렌터카'나 '즐거운 렌터카'가 편리해.

「おいしいレンタカー」か「たのしいレンタカー」が便利だよ。

New 단어 簡単だ 간단하다　使う 사용하다　便利だ 편리하다

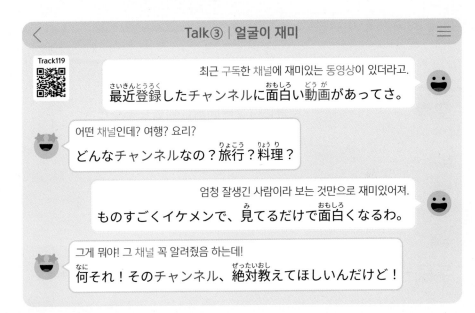

Talk③ | 얼굴이 재미

Track119

최근 구독한 채널에 재미있는 동영상이 있더라고.
最近登録したチャンネルに面白い動画があってさ。

어떤 채널인데? 여행? 요리?
どんなチャンネルなの？旅行？料理？

엄청 잘생긴 사람이라 보는 것만으로 재미있어져.
ものすごくイケメンで、見てるだけで面白くなるわ。

그게 뭐야! 그 채널 꼭 알려줬음 하는데!
何それ！そのチャンネル、絶対教えてほしいんだけど！

New 단어 最近 최근　面白い 재미있다　ものすごく 엄청, 매우　イケメン 잘생긴 사람　見る 보다
絶対 꼭, 무조건　教える 알려주다, 가르치다

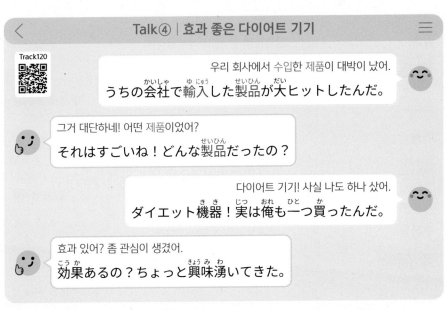

Talk④ | 효과 좋은 다이어트 기기

Track120

우리 회사에서 수입한 제품이 대박이 났어.
うちの会社で輸入した製品が大ヒットしたんだ。

그거 대단하네! 어떤 제품이었어?
それはすごいね！どんな製品だったの？

다이어트 기기! 사실 나도 하나 샀어.
ダイエット機器！実は俺も一つ買ったんだ。

효과 있어? 좀 관심이 생겼어.
効果あるの？ちょっと興味湧いてきた。

New 단어 会社 회사　大ヒット 대박, 대히트　すごい 대단하다　ダイエット 다이어트　機器 기기
実は 사실, 실은　買う 사다　効果 효과　ちょっと 좀, 조금　興味(が)湧く 관심/흥미가 생기다

★은 꼭 알아야 할 일상 필수 어휘입니다.

공항
くうこう
空港 ★

공항에는 2시간 전에 도착해 주세요.

くうこう　　に じ かんまえ　 とうちゃく
空港には２時間前に到着してください。

항구
みなと
港 ★

이 항구에는 많은 배가 찾아옵니다.

みなと　　 おお　　　　ふね　 おとず
この港には多くの船が訪れます。

수속
て つづ
手続き

공항에서 수속을 한 후에 엄마에게 연락합니다.

くうこう　 て つづ　　　　 あと　 はは　 れんらく
空港で手続きをした後で、母に連絡します。

기내
き ない
機内

기내에서의 흡연은 금지입니다.

き ない　　　　きつえん　きんし
機内での喫煙は禁止です。

탑승
とうじょう
搭乗

탑승은 몇 번 게이트에서 합니까?

とうじょう　 なんばん
搭乗は何番ゲートからですか。

とうじょうぐち
➕ **搭乗口** 탑승구

이륙
り りく
離陸

비행기는 곧 이륙합니다.

ひ こう き　　　　　　　り りく
飛行機はまもなく離陸いたします。

ちゃくりく
➕ **着陸** 착륙

수하물
て に もつ
手荷物

수하물은 1인당 1개까지입니다.

て に もつ　　　 ひとり さまいっ こ
手荷物はお一人様一個までとなります。

あず て に もつ
➕ **預け手荷物** 부치는 짐

가지고 들어옴, 지참	지참에 대한 요금표를 봐 주세요.
持ち込み も こ	持ち込みの料金表を見てください。

비상구	재빨리 비상구로 탈출해 주세요.
非常口 ひ じょうぐち	速やかに非常口から脱出してください。

좌석	좌석을 뒤로 젖혀도 될까요?
座席 ざ せき	座席を倒してもいいですか。

안전벨트 ★	안전을 위해 안전벨트를 맨다.
シートベルト	安全のためにシートベルトを締める。

구명조끼	구명조끼는 좌석 아래에 있습니다.
ライフジャケット	ライフジャケットは座席の下にあります。

뱃멀미	뱃멀미 때문에 계속 누워 있습니다.
船酔い ふな よ	船酔いでずっと横になっています。

➕ 乗り物酔い 교통수단 멀미 ➕ 酔い止め 멀미약

등대	등대의 불빛이 밤바다를 비춥니다.
灯台 とう だい	灯台の光が夜の海を照らします。

일본어 단어, 궁금해요!

Q 안전벨트를 安全ベルト라고는 하지 않는지 궁금해요.

A 직역하면 틀리기 쉬운 단어 중 하나예요. 安全ベルト는 공사 현장에서 사용하는 안전벨트를 의미해요. 교통수단에서의 안전벨트는 シートベルト라고 한답니다.

Track052

★은 꼭 알아야 할 일상 필수 어휘입니다.

내비게이션

ナビ

내비게이션대로 차를 운전 합니다.

ナビ通(どお)りに車(くるま)を運転(うんてん)します。

❗ ナビゲーション의 줄임말 ❗ カーナビ라고도 함

지도 ★

地図(ちず)

이 내비게이션의 지도 데이터는 오래되었습니다.

このナビの地図(ちず)データは古(ふる)いです。

교통 ★

交通(こうつう)

교통 상황이 실시간 지도에 반영된다.

交通状況(こうつうじょうきょう)がリアルタイム地図(ちず)に反映(はんえい)される。

안내 ★

案内(あんない)

정보를 음성으로 안내한다.

情報(じょうほう)を音声(おんせい)で案内(あんない)する。

도로

道路(どうろ)

내비게이션에서 유료도로와 일반 도로의 설정이 가능하다.

ナビで有料道路(ゆうりょうどうろ)と一般道路(いっぱんどうろ)の設定(せってい)ができる。

➕ 経路(けいろ) 경로

신호

信号(しんごう)

운전자는 신호가 파란색이 될 때까지 기다립니다.

運転者(うんてんしゃ)は信号(しんごう)が青(あお)になるまで待(ま)ちます。

➕ 信号機(しんごうき) 신호등

목적지 ★

目的地(もくてきち)

목적지까지의 거리를 검색합니다.

目的地(もくてきち)までの距離(きょり)を検索(けんさく)します。

방면
ほうめん
方面

신주쿠 방면으로 나아갑니다.

しんじゅくほうめん　すす
新宿方面に進みます。

➕ ほうこう
方向 방향

좌회전
さ せつ
左折

좌회전해서 국도로 향합니다.

さ せつ　こくどう　む
左折して国道に向かいます。

➕ う せつ
右折 우회전

사거리
じゅう じ ろ
十字路

왼쪽에서 사거리로 진입하는 차가 우선입니다.

ひだりがわ　　じゅう じ ろ　　しんにゅう　　くるま　　ゆうせん
左側から十字路に進入する車が優先です。

➕ よっ かど
四つ角 사거리 ➕ ていじ ろ　てぃーじ ろ
丁字路/T字路 삼거리

교차로
こう さ てん
交差点

다음 교차로에서 오른쪽으로 돌아 주세요.

つぎ　こう さ てん　みぎ　ま
次の交差点を右に曲がってください。

고속도로
こうそくどう ろ
高速道路

고속도로상에서의 유턴은 금지입니다.

こうそくどう ろ じょう　　ゆー　　きん し
高速道路上でのUターンは禁止です。

철도 건널목
ふみ きり
踏切

자동차 운전자는 철도 건널목에서는 반드시 정차합니다.

くるま　うんてんしゃ　ふみきり　　かなら　ていしゃ
車の運転者は踏切では必ず停車します。

ETC카드
いーてぃーしー
ETCカード

ETC카드로 통행 요금을 지불합니다.

いーてぃーしー　　つうこうりょうきん　し はら
ETCカードで通行料金を支払います。

❗ 우리나라의 하이패스 같은 것

🐛 **일본어 단어, 궁금해요!**

Q ほうめん　ほうこう
方面과 方向의 정확한 구분이 궁금해요.

A ほうめん
方面은 '영역'의 개념으로 어느 방향의 지역을 가리켜요. ほうこう
方向는 '선'의 개념으로 오른쪽, 왼쪽 등을 의미해요.

강의 보기

★은 꼭 알아야 할 일상 필수 어휘입니다.

국가
こっか
国家

국가의 안전이 무엇보다 중요합니다.
こっか あんぜん なに じゅうよう
国家の安全が何より重要です。

정치
せい じ
政治

나는 정치 뉴스에 흥미가 없다.
わたし せい じ きょう み
私は政治のニュースに興味がない。
➕ 政治家 정치인
せい じ か

대통령
だい とうりょう
大統領

그가 대통령에 선출되었습니다.
かれ だいとうりょう えら
彼が大統領に選ばれました。
➕ 首相 수상(일본의 총리)
しゅしょう

국회의원
こっ かい ぎ いん
国会議員

그 국회의원의 발언이 문제가 되었다.
こっかい ぎ いん はつげん もんだい
あの国会議員の発言が問題になった。

국민
こく みん
国民

모든 국민은 평등합니다.
こくみん びょうどう
すべての国民は平等です。
➕ 市民 시민
し みん

선거
せん きょ
選挙

선거로 학급 위원을 뽑습니다.
せんきょ がっきゅう い いん えら
選挙で学級委員を選びます。

후보
こう ほ
候補

저 후보자를 응원합니다.
こう ほ しゃ おうえん
あの候補者を応援します。

투표
とうひょう
投票

18살부터 투표할 수 있습니다.

じゅうはっさい　　　　とうひょう
１８歳から投票できます。

　　　　　　　　　　　　　　　な
➕ 投げる 던지다

회담
かいだん
会談

회담은 스위스 제네바에서 열립니다.

かいだん　　　　　　　　　　　　ひら
会談はスイスのジュネーブで開かれます。

　　　　　　　　　しゅのうかいだん
➕ 首脳会談 정상회담

교류
こうりゅう
交流

언어는 사람이 교류하기 위한 수단입니다.

げんご　　ひと　こうりゅう　　　　　しゅだん
言語は人が交流するための手段です。

사회 ★
しゃかい
社会

사회에는 여러가지 직업이 있습니다.

しゃかい　　　　　　　　　しごと
社会にはいろいろな仕事があります。

인구
じんこう
人口

인구가 점점 감소하고 있습니다.

じんこう　　　　　　　　げんしょう
人口がどんどん減少しています。

저출산
しょうしか
少子化

시골 마을은 저출산이 진행되고 있습니다.

いなか　まち　しょうしか　　すす
田舎の町は少子化が進んでいます。

고령화
こうれいか
高齢化

어느 나라에서든 고령화가 진행되고 있습니다.

　　　くに　　　こうれいか　すす
どこの国でも高齢化が進んでいます。

대책
たいさく
対策

재해에 대한 대책을 세워 두다.

さいがい　　たいさく　た
災害への対策を立てておく。

★은 꼭 알아야 할 일상 필수 어휘입니다.

재해
さいがい
災害

자연재해가 일어나기 쉬운 장소입니다.
し ぜんさいがい お ば しょ
自然災害が起きやすい場所です。

➕ さいなん 災難 재난

태풍 ★
たい ふう
台風

태풍의 영향으로 정원에 서 있던 나무가 쓰러졌다.
たいふう えいきょう にわ た き たお
台風の影響で庭に立っていた木が倒れた。

➕ おおあめ 大雨 많은 비, 폭우

지진 ★
じ しん
地震

지진이 일어나면 책상 밑으로 들어갑시다.
じしん お つくえ した はい
地震が起きたら、机の下に入りましょう。

해일
つ なみ
津波

해일 때는 해안에 접근하지 마세요.
つなみ とき かいがん ちか
津波の時は海岸に近づかないでください。

토사 붕괴
ど しゃくず
土砂崩れ

많은 비로 토사 붕괴가 일어났습니다.
おおあめ ど しゃくず お
大雨で土砂崩れが起きました。

➕ ど しゃ ぶ 土砂降り 억수같이 쏟아지는 비

홍수
こうずい
洪水

홍수로 집이 떠내려갔습니다.
こうずい いえ なが
洪水で家が流されました。

화재 ★
か じ
火事

화재로 절이 타버렸다.
か じ てら や
火事でお寺が焼けてしまった。

정전
ていでん
停電

정전이 발생하면 엘리베이터는 급정지한다.

停電が起こるとエレベーターは急停止する。

지구온난화
ちきゅうおんだんか
地球温暖化

지구온난화로 식물이 적어지고 있다.

地球温暖化で植物が少なくなっている。

바이러스
ウイルス

인플루엔자는 바이러스가 원인입니다.

インフルエンザはウイルスが原因です。

사고 ★
じこ
事故

커브에서의 교통사고가 많다.

カーブでの交通事故が多い。

신고
つうほう
通報

화재를 알아차리고 119에 신고했습니다.

火事と気づき、１１９番通報しました。

경찰차
パトカー

무인 경찰차도 도입되었다.

無人のパトカーも導入された。

소송
そしょう
訴訟

소송에는 돈도 시간도 필요하다.

訴訟にはお金も時間も必要だ。

➕ 訴える 고소하다　➕ 和解金 합의금

🐟 일본어 단어, 궁금해요!

Q 경찰서에 申告する(신고한다)라고는 하지 않는지 궁금해요.

A 경찰서에 하는 '신고'의 경우 通報(통보)라는 단어를 써요. '신고'에 해당하는 申告는 공공기관에 서류를 접수하거나 사실을 진술할 때 사용해요. 예를 들어, 세금의 확정신고(確定申告)가 있어요.

★은 꼭 알아야 할 일상 필수 어휘입니다.

범죄 はんざい **犯罪**	범죄가 일어나기 쉬우므로 위험합니다. はんざい お き けん 犯罪が起こりやすいので危険です。 はんざいしゃ ひ がいしゃ ➕ 犯罪者 범죄자 ➕ 被害者 피해자
죄 つみ **罪**	그는 본인의 죄를 인정했습니다. かれ じ ぶん つみ みと 彼は自分の罪を認めました。
벌금 ばっきん **罰金**	5만엔의 벌금을 내지 않으면 안 된다. ご まんえん ばっきん はら ５万円の罰金を払わなければならない。
체포 たい ほ **逮捕**	경찰은 범죄자를 체포했습니다. けいさつ はんざいしゃ たい ほ 警察は犯罪者を逮捕しました。 そう さ ➕ 捜査 수사
단서 て が **手掛かり**	사건 해결의 중요한 단서가 되었다. じ けんかいけつ じゅうよう て が 事件解決の重要な手掛かりとなった。 しょう こ ➕ 証拠 증거
입금 사기, 보이스 피싱 ふ こ さ ぎ **振り込め詐欺**	입금 사기 범인의 목소리를 기억하고 있다. ふ こ さ ぎ はんにん こえ おぼ 振り込め詐欺の犯人の声を覚えている。
빈집 털이 あ す **空き巣**	여름은 빈집 털이 피해가 늘어나는 계절입니다. なつ あ す ひ がい ふ き せつ 夏は空き巣被害が増える季節です。

좀도둑질
まんびき
万引き

편의점에서 과자를 좀도둑질했다고 합니다.

コンビニでお菓子を万引きしたそうです。

➕ 泥棒 도둑

소매치기
すり

여행에서는 소매치기에 주의하세요.

旅行ではすりに注意してください。

날치기
ひったくり

날치기를 하고 있던 2명이 체포되었다.

ひったくりをしていた2人が逮捕された。

뺑소니
ひき逃げ

뺑소니 당해서 바로 경찰에 신고했다.

ひき逃げされて、すぐ警察に通報した。

폭행
ぼうこう
暴行

폭행을 당해 팔이 부러졌습니다.

暴行を受け、腕が折れました。

성희롱
セクハラ

성희롱을 한 사원을 해고했습니다.

セクハラをした社員を解雇しました。

➕ セク(sexual, 성적인)+ハラ(harassment, 괴롭힘)

데이트 폭력
でぃーぶい
デートDV

데이트 폭력은 명백한 범죄입니다.

デートDVは明らかな犯罪です。

악플
アンチコメント

악플을 다는 사람을 고소했습니다.

アンチコメントをする人を訴えました。

❗ 비판이나 부정적인 의견을 의미

➕ 誹謗中傷 악플(모욕이나 허위사실)

Track056

★은 꼭 알아야 할 일상 필수 어휘입니다.

색, 색깔 ★
いろ
色

저는 밝은 색을 좋아합니다.
わたし　あか　　いろ　す
私は明るい色が好きです。

➕ いろいろ
色々 여러가지 ➕ いろ
色あせる 색(빛)이 바래다

무지개색
にじ いろ
虹色

벽을 무지개색으로 예쁘게 바릅니다.
かべ　　にじいろ　　　　　　ぬ
壁を虹色できれいに塗ります。

베이지, 베이지색

ベージュ

여배우는 베이지색 드레스를 입었습니다.
じょゆう　　　　　　　　　　き
女優はベージュのドレスを着ました。

➕ けい
ベージュ系 베이지 계열

보라, 보라색 ★
むらさき
紫

보라색 꽃이라고 말할 것 같으면 수국이 있지요.
むらさき　はな　い
紫の花と言えば、アジサイがありますね。

➕ いろ
ラベンダー色 연보라색

연두, 연두색
き みどり
黄緑

영양 부족으로 잎이 연두색이 되었습니다.
えいよう ぶ そく　は　　き みどり
栄養不足で葉が黄緑になりました。

❗ き いろ　　　　みどり
黄色(노랑)+緑(초록)

하늘, 하늘색
みず いろ
水色

하늘색은 파란색과 흰색을 더해서 만들어집니다.
みずいろ　あお　しろ　た　　　つく
水色は青と白を足して作られます。

남색
こん いろ
紺色

학교 교복은 남색입니다.
がっこう　せいふく　こんいろ
学校の制服は紺色です。

➕ ネイビー 네이비

갈색
ちゃ いろ
茶色

갈색으로 염색하고 싶습니다.
ちゃいろ そ
茶色に染めたいです。

회색
はい いろ
灰色

고양이는 회색 털을 하고 있습니다.
ねこ はいいろ け
猫は灰色の毛をしています。

무늬
がら
柄

작은 무늬의 기모노로 하고 싶습니다.
ちい がら きもの
小さい柄の着物にしたいです。

➕ パターン 패턴

줄무늬
しま も よう
縞模様

검은색 줄무늬 셔츠를 샀습니다.
くろ しま も よう か
黒い縞模様のシャツを買いました。

➕ 縞 줄무늬
しま

꽃무늬
はな がら
花柄

친구에게 꽃무늬 유리잔을 선물했습니다.
ゆうじん はながら
友人に花柄のグラスをプレゼントしました。

격자, 체크
こう し
格子

머플러라면 체크무늬가 인기입니다.
こう し がら にん き
マフラーなら格子柄が人気です。

물방울무늬
みず たま も よう
水玉模様

물방울무늬는 부드러운 인상을 준다는 것 같다.
みずたま も よう やわ いんしょう あた
水玉模様は柔らかい印象を与えるらしい。

일본어 단어, 궁금해요!

Q 柄와 模様의 차이가 궁금해요.
  がら もよう

A 柄는 자수, 인쇄 등 규칙적인 패턴이 존재하는 것을 의미해요. 반면 模様는 규칙적이지
  がら
  않은 이미지, 그림 등까지 포함한답니다.

강의 보기

★은 꼭 알아야 할 일상 필수 어휘입니다.

동물 ★
どうぶつ
動物

동물에게도 복잡한 감정이 있습니다.
どうぶつにも複雑な感情があります。

애완동물
ペット

애완동물 금지인 아파트가 많습니다.
ペット禁止のマンションが多いです。

강아지 ★
こ いぬ
子犬

귀여운 강아지를 키우기 시작했다.
かわいい子犬を飼い始めた。
❗ 子(아이)+犬(개)

길고양이
ねこ
ノラ猫

길고양이가 늘어서 곤란해하고 있습니다.
ノラ猫が増えて困っています。
❗ 野良(들)+猫(고양이)

먹이
えさ
餌

이 맨션에 길고양이에게 먹이를 주는 사람이 있다.
このアパートにノラ猫に餌をやる人がいる。
➕ 餌をやる 먹이를 주다

산책 ★
さん ぽ
散歩

매일 개 산책을 하고 있습니다.
毎日犬の散歩をしています。

목줄
リード

개와 외출할 때에는 개에게 목줄을 채웁니다.
犬と出かけるときは、犬にリードをつけます。

새
とり
鳥

나무 위에 10마리의 새가 있습니다.

き　うえ　じゅう わ　とり
木の上に10羽の鳥がいます。

비둘기
はと
鳩

비둘기는 평화의 상징입니다.

はと　へい わ
鳩は平和のシンボルです。

벌레
むし
虫

일찍 일어나는 새가 벌레를 잡는다.

はや お　とり　むし　つか
早起きの鳥が虫を捕まえる。

모기
か
蚊

모기 때문에 잘 수 없습니다.

か　ね
蚊のせいで寝れません。

바퀴벌레
ゴキブリ

바퀴벌레를 방에서 쫓아냅니다.

へ や　お　だ
ゴキブリを部屋から追い出します。

파리
ハエ

파리채를 이용해서 파리를 잡습니다.

つか　つか
ハエたたきを使ってハエを捕まえます。

➕ ハエたたき 파리채

매미
セミ

매미 울음소리 때문에 잠들 수 없습니다.

な ごえ　ねむ
セミの鳴き声で眠れません。

알레르기
アレルギー

알레르기는 성장해서 낫는 아이도 있습니다.

せいちょう　なお　こ
アレルギーは、成長して治る子もいます。

Track058

★은 꼭 알아야 할 일상 필수 어휘입니다.

자연 しぜん **自然** ★	여관은 자연에 둘러싸인 장소에 있습니다. りょかん　しぜん　かこ　ばしょ 旅館は自然に囲まれた場所にあります。	

땅
と　ち
土地

시골에 땅을 샀습니다.
いなか　と　ち　か
田舎に土地を買いました。

➕ 土 흙
つち

밭
はたけ
畑

정원에 밭을 만들고 싶습니다.
にわ　はたけ　つく
庭に畑を作りたいです。

숲
もり
森 ★

숲 속을 산책하면 기분이 안정된다.
もり　なか　さんぽ　きぶん　お　つ
森の中を散歩すると気分が落ち着く。

호수
みずうみ
湖

호수의 깊이는 50미터입니다.
みずうみ　ふか　ごじゅう
湖の深さは５０メートルです。

➕ 池 연못
いけ

폭포
たき
滝

비가 온 다음날 밖에 볼 수 없는 폭포입니다.
あめ　よくじつ　み　たき
雨の翌日にしか見られない滝です。

강가
かわ　ぞ
川沿い

강가에 벚나무가 심어져 있습니다.
かわ　ぞ　さくら　き　う
川沿いに桜の木が植えてあります。

❗ 명사+沿い ~를 따라서
ぞ

바닷가
海辺
うみ べ

소풍으로 바닷가에 갔습니다.
遠足で海辺に行きました。
えんそく うみ べ い

언덕
坂
さか

언덕을 내려가는 데 시간이 걸렸다.
坂を下りるのに時間がかかった。
さか お じ かん

➕ 崖 벼랑, 절벽
がけ

섬
島
しま

일본은 바다로 둘러싸인 섬나라입니다.
日本は海に囲まれた島国です。
に ほん うみ かこ しまぐに

꽃잎
花びら
はな

벚꽃나무 꽃잎이 지기 시작했습니다.
桜の木の花びらが散り始めました。
さくら き はな ち はじ

풀 ⭐
草
くさ

밭의 풀을 태웁니다.
畑の草を燃やします。
はたけ くさ も

잎
葉っぱ
は

단풍잎이 붉어졌네요.
もみじの葉っぱが赤くなりましたね。
は あか

향기 ⭐
香り
かお

라벤더의 상쾌한 향기에 힐링됩니다.
ラベンダーの爽やかな香りに癒されます。
さわ かお いや

🦫 **일본어 단어, 궁금해요!**

Q SNS에서 草는 어떤 의미인지 궁금해요.
くさ

A 草(풀)는 웃는 모습을 나타내요. 일본어로 '웃다'는 わらう인데, 알파벳으로 표기하면 'warau'예요. 이때 앞 글자 w만 따와서 'wwwww'라고 표현해요. 우리나라의 'ㅋㅋㅋㅋㅋ'와 같은 느낌이죠. 이 글자가 마치 풀처럼 보인다고 해서 草(풀)라고 한답니다.

Track059

★은 꼭 알아야 할 일상 필수 어휘입니다.

날씨 てんき **天気** ★	날씨에 따라 기분이 좌우됩니다. てんき　きぶん　さゆう **天気によって気分が左右されます。**

눈 ゆき **雪** ★	눈이 내리는 날은 친구와 눈싸움을 합니다. ゆき　ふ　ひ　ともだち　ゆきがっせん **雪が降る日は友達と雪合戦をします。** ⊕ ゆきがっせん **雪合戦** 눈싸움 ⊕ ふぶき **吹雪** 눈보라

비 あめ **雨** ★	비를 맞아서 흠뻑 젖어버렸습니다. あめ　ふ　ぬ **雨に降られて、びしょ濡れになりました。** ⊕ あめおんな あめおとこ **雨女/雨男** 비를 몰고 다니는 여자/남자

바람 かぜ **風** ★	비행기는 바람이 강해도 괜찮습니까? ひこうき　かぜ　つよ　だいじょうぶ **飛行機は風が強くても大丈夫ですか。**

맑음 は **晴れ**	만약 내일 (날씨가) 맑음이라면 공원에 갑시다. あした　は　こうえん　い **もし明日晴れなら、公園に行きましょう。** ⊕ くも **曇り** 흐림

공기 くうき **空気** ★	도시의 공기는 더러워져 있습니다. とし　くうき　よご **都市の空気は汚れています。**

일기예보 てんきよほう **天気予報**	일기예보에 따르면 내일은 눈이 온다고 한다. てんきよほう　あした　ゆき　ふ **天気予報によると、明日は雪が降るそうだ。**

장마가 끝남

梅雨明け
（つゆあ）

장마가 끝나는 것이 기다려집니다.

梅雨明けが待ち遠しいです。
（つゆあ　ま　どお）

➕ 梅雨入り 장마가 시작됨
（つゆい）

계절 ⭐

季節
（きせつ）

어떤 계절이 가장 좋습니까?

どんな季節が一番好きですか。
（きせつ　いちばん　す）

➕ 四季 사계절
（しき）

봄 ⭐

春
（はる）

봄부터 고등학생이 됩니다.

春から高校生になります。
（はる　こうこうせい）

여름 ⭐

夏
（なつ）

여름을 타서 식욕이 없습니다.

夏バテで食欲がありません。
（なつ　しょくよく）

➕ 真夏 한여름
（まなつ）

가을 ⭐

秋
（あき）

가을이 되면 쓸쓸한 기분이 듭니다.

秋になると寂しい気持ちになります。
（あき　さび　きも）

겨울 ⭐

冬
（ふゆ）

겨울은 해가 짧습니다.

冬は日が短いです。
（ふゆ　ひ　みじか）

➕ 真冬 한겨울
（まふゆ）

환절기

季節の変わり目
（きせつ　か　め）

환절기에는 피부가 상하기 쉽다.

季節の変わり目には肌荒れしやすい。
（きせつ　か　め　はだあ）

❗ '계절이 바뀌는 때'로 풀어 사용

🫧 일본어 단어, 궁금해요!

Q 「～明け」의 역할이 궁금해요.
（あ）

A 明けるは '날이 새다', '밝다'라는 의미이기 때문에 이벤트나 기간이 시작되는 시기를 나타낸다고 착
（あ）
각하기 쉬워요. 하지만 명사 뒤에 明けが 붙는 경우 명사의 기간이 끝나는 것을 나타내요. 예를 들어
（あ）
休み明け(휴가가 끝남), 夜勤明け(야근이 끝남)와 같이 활용할 수 있어요.
（やす あ）　　　　　　　（や きんあ）

★은 꼭 알아야 할 일상 필수 어휘입니다.

공휴일 しゅくじつ 祝日	어린이날은 공휴일입니다. こどもの日は祝日です。
대체공휴일 ふりかえきゅうじつ 振替休日	내일은 대체공휴일이기 때문에 회사를 쉽니다. 明日は振替休日なので、会社を休みます。
주5일제 しゅうきゅう ふつか せい 週休二日制	주5일제가 아닌 회사도 있습니다. 週休二日制ではない会社もあります。 ❗ 우리나라와 반대로 '2일 쉬는 제도'라고 함
골든위크 ゴールデン ウィーク	골든위크는 최대 며칠 연휴입니까? ゴールデンウィークは最大何連休ですか。 ❗ 4월 말부터 5월 초까지의 대형 연휴 ➕ シルバーウィーク 실버위크(9월 대형 연휴)
정월 ⭐ しょうがつ お正月	정월에는 가족이 다 같이 대청소를 합니다. お正月には家族みんなで大掃除をします。 ❗ 음력, 양력을 따지는 우리나라와 달리 일본에서는 양력 1월 1일만을 기념
연말연시 ねんまつねん し 年末年始	연말연시는 영업시간이 바뀝니다. 年末年始は営業時間が変わります。
불금 はなきん 花金	불금이니까 퇴근길에 친구를 만납니다. 花金だから、仕事帰りに友達に会います。

달력

カレンダー

내년 달력을 샀습니다.

来年(らいねん)のカレンダーを買(か)いました。

연휴

連休
れんきゅう

연휴가 끝나서 일이 바빴습니다.

連休(れんきゅう)明(あ)けで、仕事(しごと)が忙(いそが)しかったです。

징검다리 연휴

飛び石連休
と　　いしれんきゅう

징검다리 연휴를 이용해서 여행을 갑니다.

飛(と)び石(いし)連休(れんきゅう)を利用(りよう)して旅行(りょこう)に行(い)きます。

❗ 휴일과 휴일 사이에 평일이 끼는 경우

12월 31일

大晦日
おおみそか

12월 31일에는 토시코시소바(송년 소바)를 먹습니다.

大晦日(おおみそか)には年越(としこ)しそばを食(た)べます。

❗ 晦日(みそか)는 음력에서 한 달의 마지막 날로, 12월은 한 해의 마지막이라 大(おお)가 붙음

기념일

記念日
き　ねん　び

어? 결혼기념일이 언제였지?

あれ？結婚(けっこん)記念日(きねんび)っていつだったっけ？

월수금

月水金
げっ　すい　きん

월수금은 피아노 레슨이 있습니다.

月水金(げっすいきん)はピアノのレッスンがあります。

➕ 火木(かもく) 화목

토일, 주말

土日
ど　にち

토일은 어디에 가도 사람이 많습니다.

土日(どにち)はどこに行(い)っても人(ひと)が多(おお)いです。

🐌 **일본어 단어, 궁금해요!**

Q 祝日(しゅくじつ)와 休日(きゅうじつ)의 차이가 궁금해요.

A 祝日(しゅくじつ)는 일본 정부가 정한 공휴일로 기본적으로 업무, 영업, 수업 등을 쉬어요. 반면 休日(きゅうじつ)는 개인이 자유롭게 정한 쉬는 날이에요. 비슷한 듯 전혀 다른 단어이니 주의해요.

강의 보기

명사.zip | 날짜/달력 **143**

💬 회화 Talk!

Track121

요 며칠 계속 많은 비가 와서 홍수가 걱정이네.
ここ数日、大雨が続いてるから、洪水が心配だね。

그렇네, 특히 토사 붕괴가 일어나기 쉬운 장소에서는 위험해.
そうだね、特に土砂崩れが起きやすい場所では危険だよ。

빨리 비가 그쳤으면 좋겠어.
早く雨が止んでほしい。

이 이상 피해가 없도록 기도할 뿐이네.
これ以上の被害がないように祈るだけだね。

New 단어 ここ数日 요 며칠　続く 계속되다　心配だ 걱정이다　特に 특히　起きる 일어나다

〜やすい ~하기 쉽다　危険だ 위험하다　早く 빨리　止む 그치다, 멎다　以上 이상　被害 피해

祈る 기도하다

Track122

대체공휴일에 여행 가는데, 어디가 좋을까?
振替休日に旅行に行くんだけど、どこがいいかな？

자연을 즐길 수 있는 장소가 좋지.
自然が楽しめる場所がいいね。

그치, 그런데 일기 예보를 보니까 눈이 올지도 몰라.
そうだね、でも天気予報を見たら、雪かもしれないんだ。

그렇다면 실내 관광지도 생각하는 편이 좋을지도 모르겠네.
それなら、屋内の観光地も考えた方がいいかもしれないね。

New 단어 行く 가다　楽しむ 즐기다　でも 그런데　見る 보다　屋内 실내　観光地 관광지　考える 생각하다

Talk③ | 내비게이션의 혼란

Track123

내비게이션을 따라서 나아가고 있는데… 뭔가 이상해.

ナビに従って進んでいるんだけど…なんかおかしい。

좌회전을 지시 하는데, '좌회전 금지'라고 써 있어.

左折を指示してるけど、「左折禁止」って書いてある。

어떻게 하지? 이대로 가면, 위반이 될 것 같은데.

どうしよう。このまま進んじゃうと、違反になっちゃうよね。

다른 내비게이션 어플로 검색해 보면 어때?

他のナビアプリで検索してみたら？

New 단어 従う 따르다　進む 나아가다　おかしい 이상하다　指示 지시　禁止 금지　書く 쓰다
このまま 이대로　他の 다른　検索 검색

Talk④ | 데이트 폭력, 가벼운 처벌은 안 돼

Track124

오늘 데이트 폭력에 대한 뉴스 봤어?

今日のデートＤＶについてのニュース見た？

여자 친구에게 폭행을 가해서 체포됐다는 그 뉴스지?

彼女に暴行を加えて逮捕されたっていうニュースでしょ？

맞아, 벌금이 부과되는 것 같은데, 그것만으로 끝나다니.

そう、罰金が科されるみたいだけど、それだけで済むなんて。

말도 안되지.

あり得ないよね。

New 단어 今日 오늘　ニュース 뉴스　加える 가하다　科す 부과하다　済む 끝나다
あり得ない 말도 안된다, 있을 수 없다

회화 Talk! **145**

Chapter 4

일상생활 속

동사.zip

동사는 행동, 상태, 변화 또는 존재를 나타내며 문장의 흐름과 맥락을 만드는 중요한 요소예요. 동사를 많이 알고 있으면 상황의 변화, 진행 중인 행동 등을 보다 효과적으로 표현할 수 있어 일본어 실력을 키우는데 필수적이에요.

삶을 그리는 동사

Track061

★은 꼭 알아야 할 일상 필수 어휘입니다.

(사람/동물) 있다 ★

いる

교실에 여학생이 3명 있습니다.

教室<small>きょうしつ</small>に女<small>おんな</small>の学生<small>がくせい</small>が３人<small>さんにん</small>います。

➕ ある (식물/사물) 있다

살다

生<small>い</small>きる

무엇을 위해서 살고 있습니까?

何<small>なん</small>のために生<small>い</small>きていますか。

➕ 長生<small>なが い</small>きする 장수하다

생활하다 ★

暮<small>く</small>らす

외국에서 생활하고 있습니다.

外国<small>がいこく</small>で暮<small>く</small>らしています。

❗ 장소+で暮<small>く</small>らす ~에서 생활하다

거주하다 ★

住<small>す</small>む

어디에 거주하고 있습니까?

どこに住<small>す</small>んでいますか。

❗ 장소+に住<small>す</small>んでいる ~에 거주하고 있다

낳다

産<small>う</small>む

아이를 낳기 전까지 일합니다.

子<small>こ</small>どもを産<small>う</small>む前<small>まえ</small>まで働<small>はたら</small>きます。

태어나다 ★

生<small>う</small>まれる

딸은 6월 2일에 태어났습니다.

娘<small>むすめ</small>は６月<small>ろくがつ</small>２日<small>ふつか</small>に生<small>う</small>まれました。

키우다, 기르다, 양성하다

育<small>そだ</small>てる

환경이 사람을 키웁니다.

環境<small>かんきょう</small>が人<small>ひと</small>を育<small>そだ</small>てます。

➕ 育<small>そだ</small>つ 자라다

죽다
し
死ぬ

죽을 만큼 지쳤습니다.
し　　　　　つか
死ぬほど疲れました。

돌아가시다
な
亡くなる

할아버지는 10년 전에 돌아가셨습니다.
そ ふ　 じゅうねんまえ　 な
祖父は10年前に亡くなりました。

❗ 死ぬ의 완곡한 표현으로 주로 사람이 죽었을 때 사용

일어나다, 기상하다 ⭐
お
起きる

오전 5시 반에 일어났습니다.
ご ぜん ご じ はん　 お
午前5時半に起きました。

자다 ⭐
ね
寝る

어제는 평소보다 일찍 잤습니다.
きのう　　　　　　 はや ね
昨日はいつもより早く寝ました。

❗ 누워 있는 상태를 의미하기도 함

씻다 ⭐
あら
洗う

우선 손을 씻어 주세요.
て あら
まず手を洗ってください。

(샤워를) 하다 ⭐
あ
浴びる

샤워를 하고 나서 잡니다.
あ　　　　　　 ね
シャワーを浴びてから、寝ます。

❗ シャワーをする(X)

쉬다 ⭐
やす
休む

컨디션 불량으로 일을 쉬었습니다.
たいちょう ふ りょう　 し ごと　 やす
体調不良で仕事を休みました。

➕ やす
休み 휴일, 쉬는 시간

동사

동사.zip ┃ 삶/생활 149

🐟 **일본어 단어, 궁금해요!**

Q '있다'를 뜻하는 いる와 ある의 차이가 궁금해요.

A 사람이나 동물의 경우에는 いる(부정형은 いない)를 사용하고, 식물·무생물·사건·사고
등은 ある(부정형은 ない)를 사용해요.

강의 보기

Track062

★은 꼭 알아야 할 일상 필수 어휘입니다.

가다 ★
い
行く

친구와 카페에 수다 떨러 간다.
ともだち　　　　　　　　　　　　　　い
友達とカフェにおしゃべりに行く。

❗ 장소/목적+に行く ~에/하러 가다

오다 ★
く
来る

몇 시에 올 예정입니까?
なん じ　　く　　よ てい
何時に来る予定ですか。

➕ いってきます 다녀오겠습니다

돌아가(오)다 ★
かえ
帰る

집에 돌아가면 연락할게!
うち　かえ　　　　れんらく
家に帰ったら連絡するね！

❗ 家に行く(X)

되돌아가(오)다 ★
もど
戻る

두고 온 것을 알아차리고 도서관으로 되돌아갑니다.
わす もの　き　　　　　　と しょかん　もど
忘れ物に気づいて、図書館に戻ります。

들르다
よ
寄る

돌아가는 길에 편의점에 들릅니다.
かえ みち　　　　　　　　よ
帰り道にコンビニに寄ります。

들어가(오)다 ★
はい
入る

방에 들어올 때는 노크해 주세요.
へ や　　はい
部屋に入るときはノックしてください。

➕ 入れる 넣다　➕ 入口 입구

나가(오)다 ★
で
出る

집을 나올 때 개가 짖고 있었습니다.
いえ　で　とき　いぬ ほ
家を出る時、犬が吠えていました。

➕ 出かける 외출하다　➕ 出口 출구

나아가다 すす **進む**	오른쪽으로 나아갑니다. みぎ ほう すす 右の方へ進みます。 ⊕ すす 進める 나아가게 하다
지나가다, 통하다 とお **通る**	많은 사람이 이 길을 지나갑니다. おお ひと みち とお 多くの人がこの道を通ります。 ⊕ とお 〜を通る ~을 지나가다, 통하다 ⊕ かよ 〜に通う ~에 다니다
지나다, 통과하다, 넘다 す **過ぎる**	내릴 역을 지나버렸습니다. お えき す 降りる駅を過ぎてしまいました。 ❗ 동사 ます형+過ぎる 지나치게 ~하다
건너다 わた **渡る**	이 길을 건너면 역이 보입니다. みち わた えき み この道を渡ると、駅が見えます。
떠나다, 뒤로하다 はな **離れる**	고향을 떠난 지 30년입니다. こ きょう はな さんじゅうねん 故郷を離れて３０年です。
빠지다, 벗어나다 ぬ **抜ける**	긴 터널을 빠져나갔습니다. なが ぬ 長いトンネルと抜けました。
(높은 곳 등을) 넘다 こ **越える**	허들을 넘었습니다. こ ハードルを越えました。

동사

🐷 **일본어 단어, 궁금해요!**

Q '돌아가다'를 뜻하는 かえ
帰る와 もど
戻る의 차이가 궁금해요.

A かえ
帰る는 자신의 집이나 고향 등에 돌아가는 경우에 사용해요. 반면 もど
戻る는 귀속된 장소, 본거지, 장시간 머물고 있는 장소로 돌아가는 경우에 사용해요.

강의 보기

Track063

★은 꼭 알아야 할 일상 필수 어휘입니다.

옮기다 ★
はこ
運ぶ

짐을 옮기는 것을 돕습니다.
に もつ はこ て つだ
荷物を運ぶのを手伝います。

➕ うんてん 運転 운전　➕ うんどう 運動 운동

움직이다, 옮기다
うご
動かす

혼자서 피아노를 움직일 수 없습니다.
ひとり うご
一人でピアノを動かすことはできません。

➕ うご 動く 움직이다

❗ '(기계 등을) 작동시키다'라는 의미로도 사용

두다 ★
お
置く

그 잡지는 책상 위에 둬.
ざっし つくえ うえ お
その雑誌は机の上に置いてね。

(한쪽으로) 비켜 놓다

ずらす

의자를 (한쪽으로) 조금 비켜 놓을까요?
い す すこ
椅子を少しずらしましょうか。

보내다 ★
おく
送る

배편으로 소포를 보냅니다.
ふなびん こ づつみ おく
船便で小包を送ります。

➕ おく 贈る (선물이나 감사의 마음을) 보내다

싣다
の
載せる

트럭에 종이 상자를 실어 주세요.
だん ばこ の
トラックに段ボール箱を載せてください。

❗ 주로 물건을 실을 때는 の 載せる, 사람을 태울 때는 の 乗せる를 사용

내리다
お
下ろす

저기 가방을 내려 주세요.
お
あそこのカバンを下ろしてください。

➕ お 降ろす 내리다

들다, 올리다
あ
上げる
소품을 선반에 올려 주세요.
こもの　たな　あ
小物を棚に上げてください。

밀다, 누르다
お
押す
유모차를 밀고 있는 사람이 언니입니다.
お　　　　　ひと　あね
ベビーカーを押している人が姉です。

당기다
ひ
引く
이 문은 당겨 주세요.
ひ
このドアは引いてください。

쌓다, 싣다
つ
積む
차에 책을 잔뜩 쌓습니다.
くるま　ほん　　　　　つ
車に本をいっぱい積みます。
❗ 경험을 쌓는 것을 나타낼 때도 사용

쌓아 올리다, 겹치다
かさ
重ねる
테이블이 좁아서 접시를 겹칩니다.
せま　　　　さら　かさ
テーブルが狭くて、お皿を重ねます。
かさ
➕ 重なる 겹치다, 포개어지다

던지다
な
投げる
힘껏 공을 던져 봅시다.
おも　　　　　　　　　な
思いっきりボールを投げてみましょう。
ころ
➕ 転がす 굴리다

떨어뜨리다
お
落とす
잔을 떨어뜨려서 깨져버렸습니다.
お　　　　わ
グラスを落として割れてしまいました。

🐷 **일본어 단어, 궁금해요!**

Q '내리다'를 뜻하는 下ろす와 降ろす의 차이가 궁금해요.

A 下ろす의 경우 주로 높은 위치에서 낮은 위치로 이동할 때 사용해요. 반면 降ろす는 탈 것에서 내리거나 높은 지위에서 내려올 때 사용해요.

강의 보기

Track064

★은 꼭 알아야 할 일상 필수 어휘입니다.

말하다 い 言う ★	도대체 뭘 말하고 싶은 거야. なに い いったい何が言いたいの。 ❶ 의견, 판단, 생각 등을 말하는 것을 의미하며 상대가 없어도 괜찮음

| 이야기하다
はな
話す ★ | 둘이서만 이야기하고 싶은데요….
ふたり はな
２人だけで話したいですけど…。
❶ '외국어로 말하다'의 경우에도 사용 |

| 말씀하시다
おっしゃる | 네, 말씀하신 대로입니다.
はい、おっしゃるとおりです。
❶ 정중체는 おっしゃいます(말씀하십니다) |

| 말씀드리다
もう あ
申し上げる | 부탁 말씀드립니다.
ねが もう あ
お願い申し上げます。
❶ 言う(말하다)의 겸양 표현(나를 낮춤) |

| 말하다
かた
語る | 상세한 흐름에 대해 말합니다.
しょうさい なが かた
詳細な流れについて語ります。 |

| 말하다, 진술하다,
기술하다
の
述べる | 솔직한 의견을 말해 주세요.
そっちょく いけん の
率直な意見を述べてください。 |

| 나타내다, 표현하다
あらわ
表す | 자신의 생각을 자유롭게 나타내 주세요.
じぶん かんが じゆう あらわ
自分の考えを自由に表してください。 |

대화하다, 논의하다

話し合う
はな　あ

문제에 대해서 논의하고 싶습니다.

問題について話し合いたいと思います。
もんだい　　　　　はな　あ　　　　　　おも

❗ 동사 ます형+合う 서로 ~하다
あ

끄덕이다

うなずく

알았다는 듯이 끄덕입니다.

分かったというようにうなずきます。
わ

❗ 상대방의 말에 동의한다는 의미로도 사용

인사하다 ⭐

挨拶する
あい さつ

'안녕'이라고 인사합시다.

「おはよう」と挨拶しましょう。
あいさつ

(가볍게) 인사하다

会釈する
え しゃく

회사에서는 모르는 사람이라도 (가볍게) 인사(를) 합니다.

会社では知らない人でも会釈(を)します。
かいしゃ　　　し　　　ひと　　え しゃく

말을 걸다

話しかける
はな

결국 그에게 말을 걸지 못했다.

結局彼に話しかけることができなかった。
けっきょくかれ　はなし

납득하다, 이해하다

飲み込む
の こ

상황을 납득하고 있습니다.

状況を飲み込んでいます。
じょうきょう　の こ

❗ 무언가를 꿀꺽 삼키는 경우에도 사용

무시하다

無視する
む し

남의 충고를 무시하지 마라.

人のアドバイスを無視するな。
ひと　　　　　　　　　む し

동사

🐸 **일본어 단어, 궁금해요!**

Q 言う와 話す의 차이가 궁금해요.
い　　　　はな

A 言う는 주로 자신의 생각이나 판단을 말할 때 사용해요. 또한 혼잣말을 하는 경우에도
い
　言う를 써요. 반면 話す는 상대방에게 이야기하는 상황에 사용해요.
　い　　　　　　　はな

강의 보기

동사.zip | 의사소통 **155**

Track065

★은 꼭 알아야 할 일상 필수 어휘입니다.

웃다
笑う ★

아기가 방긋 웃습니다.
赤ちゃんがにっこり笑います。

➕ 爆笑 폭소

기뻐하다
喜ぶ ★

합격을 기뻐하고 있습니다.
合格を喜んでいます。

즐기다
楽しむ ★

친구들과의 수다를 즐기고 있습니다.
友達とのおしゃべりを楽しんでいます。

슬퍼하다
悲しむ ★

강아지와의 이별을 슬퍼하고 있습니다.
ワンちゃんとの別れを悲しんでいます。

울다
泣く ★

생각대로 되지 않아서 울고 있습니다.
思い通りにならなくて泣いています。

➕ 号泣 오열

지치다
疲れる ★

일에 지쳐서 아무것도 하고 싶지 않습니다.
仕事に疲れて何もしたくありません。

➕ お疲れ様でした 수고하셨습니다

곤란하다, 난처하다
困る ★

곤란한 일이 있으면 연락 주세요.
困ったことがあれば連絡ください。

❗ ～に困る ~에 어려움을 겪다

망설이다
迷う
まよ

새 차를 살까 하고 망설이고 있습니다.
新しい車を買おうかと迷っています。
あたら くるま か まよ

➕ 道に迷う 길을 잃다
みち まよ

당황하다, 어리둥절하다
戸惑う
と まど

문화의 차이에 당황했습니다.
文化の違いに戸惑いました。
ぶん か ちが と まど

낙담하다
落ち込む
お こ

수험에 실패해서 낙담하고 있습니다.
受験に失敗して落ち込んでいます。
じゅけん しっぱい お こ

실망하다
がっかりする

거짓말을 한 것에 실망했습니다.
嘘をついたことに、がっかりしました。
うそ

➕ がっかり 실망, 낙담하는 모양

놀라다
驚く
おどろ

갑작스러운 소리에 놀랐습니다.
突然の音に驚きました。
とつぜん おと おどろ

혼내다
叱る
しか

장난을 쳐서 선생님에게 혼났습니다.
いたずらをして先生に叱られました。
せんせい しか

➕ 叱られる 혼나다(수동태)
しか

화내다, 꾸짖다
怒る
おこ

그렇게 화낼 일도 아니잖아요.
そんなに怒ることでもないですよね。
おこ

➕ 怒鳴る 고함치다, 호통치다
ど な

비웃다
あざ笑う
わら

틀렸다고 해서 비웃지 마.
間違えたからと言ってあざ笑うな。
ま ちが い わら

★은 꼭 알아야 할 일상 필수 어휘입니다.

약속하다 ★
約束する
やくそく

두 번 다시 그런 짓은 하지 않겠다고 약속했습니다.
二度とそんなことはしないと約束しました。
に ど　　　　　　　　　　　　　　　　　　やくそく

❗ 실제 발음은 やっそくする

지키다 ★
守る
まも

시간을 지키는 사람은 신뢰 받습니다.
時間を守る人は信頼されます。
じ かん　まも ひと　しんらい

정하다 ★
決める
き

리더는 투표로 정합니다.
リーダーは投票で決めます。
とうひょう　き

➕ 決まる 정해지다　➕ 決定 결정　➕ 決勝 결승
き　　　　　　　　けってい　　　　　けっしょう

서두르다 ★
急ぐ
いそ

시간이 없으니까 서두릅시다.
時間がありませんから、急ぎましょう。
じ かん　　　　　　　　　　　いそ

➕ 急に 갑자기
きゅう

맹세하다
誓う
ちか

신에게 맹세합니다.
神に誓います。
かみ　ちか

(약속 등을) 깨다
破る
やぶ

구두 약속이라도 깨서는 안됩니다.
口約束でも破ってはいけません。
くちやくそく　　やぶ

(약속 등을) 어기다
すっぽかす

선배와의 약속을 어겨버리고 말았습니다.
先輩との約束をすっぽかしてしまいました。
せんぱい　　やくそく

➕ すっぽかされる 바람맞다(수동태)

약속 직전에 취소하다

ドタキャンする

부득이한 사정으로 약속 직전에 취소했습니다.

やむを得ない事情でドタキャンしました。

❗ 줄여서 ドタる라고도 함

만나다 ⭐

会う

그와 오후 5시에 만나기로 했습니다.

彼と午後5時に会うことにしました。

❗ '~을/를 만나다'는 「~を会う」가 아닌 「~に会う」

시간에 맞다

間に合う

서두르면 전철 시간에 맞출 수 있습니다.

急げば電車に間に合います。

만나기로 하다

待ち合わせる

개찰구 앞에서 만나기로 했습니다.

改札の前で待ち合わせることにしました。

➕ 落ち合う (약속한 곳에서) 만나다, 합류하다

우연히 만나다

出会う

거리에서 전 남친을 우연히 만났습니다.

通りで元カレに出会いました。

모이다 ⭐

集まる

선생님 주위에 모여 주세요.

先生の周りに集まってください。

➕ 集める 모으다

헤어지다 ⭐

別れる

모두와 헤어지는 것은 외롭습니다.

みんなと別れるのは寂しいです。

🗨️ **일본어 단어, 궁금해요!**

Q 会うぁ처럼 조사 に와 함께 사용하는 단어가 궁금해요.

A ① '(교통수단)을/를 타다'의 경우 「~を乗る」가 아닌 「~に乗る」라고 해요.
   ② '(대상)을/를 닮다'의 경우 「~を似ている」가 아닌 「~に似ている」라고 해요.
   ③ '(대상)이/가 되다'의 경우 「~がなる」가 아닌 「~になる」라고 해요.

Track067

★은 꼭 알아야 할 일상 필수 어휘입니다.

배우다
なら
習う ★

일주일에 3번 영어를 배우고 있습니다.
しゅう さんかいえい ご なら
週に３回英語を習っています。

➕ 学ぶ 배우다

외우다, 기억하다, 익히다
おぼ
覚える ★

한자를 외우는 것이 힘듭니다.
かん じ おぼ たいへん
漢字を覚えるのが大変です。

➕ 覚えがない 기억이 없다 ➕ 覚えがはやい 습득이 빠르다

잊어버리다
わす
忘れる ★

어려운 단어는 바로 잊어버립니다.
むずか たん ご わす
難しい単語はすぐ忘れてしまいます。

❗ 물건을 깜빡 두고 온 경우에도 사용

알다
し
知る ★

피타고라스의 정리를 알고 있습니까?
てい り し
ピタゴラスの定理を知っていますか。

❗ '압니다'는 知ります가 아닌 知っています

알다, 이해하다, 깨닫다
わ
分かる ★

이해할 때까지 여러 번 복습하자.
わ なん ど ふくしゅう
分かるまで何度も復習しよう。

❗ '~을/를 알다'는 「～を分かる」가 아닌 「～が分かる」

조사하다, 연구하다
しら
調べる ★

단어의 의미를 사전으로 조사합니다.
たん ご い み じしょ しら
単語の意味を辞書で調べます。

➕ 調査 조사

풀다
と
解く

그 문제를 풀 방법은 여러가지 있습니다.
もんだい と ほうほう
その問題を解く方法はいろいろあります。

➕ 解決 해결

읽다
読む
よ

추리 소설을 읽는 것을 좋아합니다.

推理小説を読むことが好きです。
すい り しょうせつ　　よ　　　　　　　　　す

➕ 読み方 읽는 법
よ かた

듣다, 묻다
聞く
き

모르는 것이 있으면 물어보세요.

分からないことがあれば聞いてください。
わ　　　　　　　　　　　　　　　　　き

➕ 聞こえる 들리다
き

쓰다
書く
か

이쪽에 이름을 써 주세요.

こちらに名前を書いてください。
な まえ か

➕ 書類 서류
しょるい

(실력, 솜씨 등이) 늘다
上達する
じょうたつ

영어 회화 실력을 늘리고 싶습니다.

英会話スキルを上達させたいです。
えいかい わ　　　　　　　じょうたつ

답하다, 대답하다
答える
こた

질문에 답하세요.

質問に答えなさい。
しつもん　こた

가르치다
教える
おし

그녀는 학교에서 수학을 가르치고 있습니다.

彼女は学校で数学を教えています。
かのじょ　がっこう　すうがく　おし

❗ 대상+に教えてもらう ~에게 배우다
おし

(시험에) 합격하다
受かる
う

시험에 합격하기 위해 노력하겠습니다.

試験に受かるために頑張ります。
し けん　う　　　　　　　がん ば

➕ 試験を受ける 시험을 보다
し けん　う

🐌 일본어 단어, 궁금해요!

Q '배우다'를 뜻하는 習う와 学ぶ의 차이가 궁금해요.
　　　　　　　　　　なら　　 まな

A 習う는 어학이나 기술, 지식 등을 가르쳐 주는 대상이 있을 때 사용해요. 반면 学ぶ는
　なら　　　　　　　　　　　　　　　　　　　　　　　　　　　　　　　　　　　　まな
　독학의 경우에도 사용할 수 있어요. 또한 学ぶ는 習う보다 전문적인 지식을 습득할 때
　　　　　　　　　　　　　　　　　まな　　 なら
　사용해요.

강의 보기

Track068

★은 꼭 알아야 할 일상 필수 어휘입니다.

일하다
はたら
働く ★

역 앞 빵집에서 일하고 있습니다.
えきまえ　　　　や　　はたら
駅前のパン屋で働いています。

❗ 장소+で 働く ~에서 일하다

근무하다
つと
勤める ★

언니는 학교에서 근무하고 있습니다.
あね　　がっこう　　つと
姉は学校に勤めています。

❗ 장소+に 勤める ~에서 근무하다

모집하다
ぼ しゅう
募集する

종업원을 모집합니다.
じゅうぎょういん　　ぼ しゅう
従業員を募集します。

응모하다, 지원하다
おう ぼ
応募する

어떤 기업에 지원하고 싶습니까?
き ぎょう　　おう ぼ
どんな企業に応募したいですか。

❗ 志願する(X)

고용하다
やと
雇う

가정부를 고용하기로 했습니다.
か せい ふ　　やと
家政婦を雇うことにしました。

➕ 雇い主 고용주

고치다
なお
直す ★

보고서의 데이터를 고칩니다.
ほうこくしょ　　　　なお
報告書のデータを直します。

❗ 동사 ます형+直す 다시 ~하다

다루다, 취급하다
あつか
扱う

유리를 다루는 일을 합니다.
あつか　し ごと
ガラスを扱う仕事をします。

밤을 새다, 철야하다
てつ や
徹夜する

오늘은 바빠서 밤을 새울지도 모릅니다.
きょう　　いそが　　　　　　　　てつ や
今日は忙しくて、徹夜するかもしれません。

돕다　　　　　　⭐
て つだ
手伝う

프레젠테이션 준비를 도왔습니다.
　　　　　　じゅん び　　て つだ
プレゼン準備を手伝いました。

➕ たす
助ける 구조하다, 살리다

운영하다
いとな
営む

그는 신발가게를 운영하고 있습니다.
かれ　　くつ や　　いとな
彼は靴屋を営んでいます。

맡기다
まか
任せる

아들에게 회사의 경영을 맡겼습니다.
むすこ　　かいしゃ　　けいえい　　まか
息子に会社の経営を任せました。

➕ ひ　う
引き受ける 떠맡다, (책임지고) 맡다

땡땡이치다,
게으름 피우다

サボる

일을 한 번이라도 땡땡이친 적이 있습니까?
し ごと　　いち ど
仕事を一度でもサボったことがありますか。

➕ サボタージュ 게을리함

해고되다
くび
首になる

종업원 전원 해고되었습니다.
じゅうぎょういん　　ぜんいんくび
従業員は全員首になりました。

그만두다　　　　　⭐
や
辞める

이번 달을 끝으로 회사를 그만둡니다.
こんげつ　　　　　　かいしゃ　や
今月いっぱいで会社を辞めます。

🎓 **일본어 단어, 궁금해요!**

Q 働くと勤めるの정확한 구분이 궁금해요.
　はたら　　　つと

A 働くと 돈을 벌기 위한 노동, 그 자체를 의미해요. 소속된 곳이 없이 혼자 일을 하는 경
　はたら
우에도 사용할 수 있어요. 반면 勤める는 회사나 조직에 소속되어 일하는 것을 의미해
　　　　　　　　つと
요.

강의 보기

Track069

★은 꼭 알아야 할 일상 필수 어휘입니다.

먹다 ★
食べる
_た

밤늦게 먹으면 살찝니다.
夜遅く食べると太ります。
_{よるおそ} _た _{ふと}

➕ 食事 식사
_{しょくじ}

마시다 ★
飲む
_の

오빠는 매일 밤 맥주를 마십니다.
兄は毎晩ビールを飲みます。
_{あに} _{まいばん} _の

➕ 飲み放題 음료 무제한
_の _{ほうだい}

폭식하다
ドカ食いする
_ぐ

스트레스가 쌓이면 폭식합니다.
ストレスがたまるとドカ食いします。
_ぐ

➕ ドカ 양이 많거나, 동작이 급격히 진행되는 것

(식욕을) 돋우다
そそる

식욕을 돋우는 음식은 무엇입니까?
食欲をそそる食べ物は何ですか。
_{しょくよく} _た _{もの} _{なん}

맛보다, 먹어 보다
味わう
_{あじ}

본고장의 한식을 맛보고 싶습니다.
本場の韓国料理を味わってみたいです。
_{ほん ば} _{かんこくりょうり} _{あじ}

➕ 味見をする 맛보다, 간을 보다
_{あじ み}

굽다
焼く
_や

저녁 식사로 닭을 구울 생각입니다.
夕食に鶏を焼くつもりです。
_{ゆうしょく} _{とり} _や

❗ 명사+焼き/焼き+명사 ~구이
_や _や

끓이다
沸かす
_わ

주전자로 물을 끓입니다.
やかんでお湯を沸かします。
_ゆ _わ

❗ お水(물)을 沸かす가 아닌 お湯(뜨거운 물)을 沸かす라고 함
_{みず} _わ _ゆ _わ

차게 하다

冷やす
<ひ>

와인을 내놓기 전에 차게 합니다.

ワインを出す前に冷やします。
<だ><まえ><ひ>

➕ 冷蔵庫 냉장고
<れいぞうこ>

데치다

ゆでる

우선 채소를 데쳐 주세요.

まず野菜をゆでてください。
<やさい>

➕ ゆで卵 삶은 계란
<たまご>

찌다

蒸す
<む>

당근은 10분정도 찝니다.

にんじんは10分ぐらい蒸します。
<じゅっぷん><む>

➕ 茶碗蒸し 일본식 계란찜
<ちゃわんむ>

잘게 썰다

刻む
<きざ>

감자를 잘게 썰어 둡니다.

ジャガイモを刻んでおきます。
<きざ>

➕ 刻みネギ 다진 파
<きざ>

전자레인지로 가열하다

チンする

식은 수프를 전자레인지로 가열합시다.

冷めたスープをチンしましょう。
<さ>

❗ 전자레인지 종료 소리에서 따온 단어

섞다 ⭐

混ぜる
<ま>

재료를 섞어서 먹는 요리입니다.

材料を混ぜて食べる料理です。
<ざいりょう><ま><た><りょうり>

➕ まぜそば 마제소바(섞어 먹는 면 요리)

(밥을) 짓다

炊く
<た>

밥을 맛있게 짓습니다.

ご飯をおいしく炊きます。
<はん><た>

(접시에) 보기 좋게 담다

盛り付ける
<も><つ>

요리를 접시에 보기 좋게 담습니다.

料理を皿に盛り付けます。
<りょうり><さら><も><つ>

동
사

★은 꼭 알아야 할 일상 필수 어휘입니다.

반하다
ほ
惚れる

그의 친절함에 반해버렸습니다.
かれ　やさ　　　　ほ
彼の優しさに惚れてしまいました。

➕ ひと め ぼ
一目惚れ 첫눈에 반함

푹 빠지다
はまる

그녀에게 진심으로 푹 빠졌습니다.
かのじょ　ほん き
彼女に本気ではまりました。

끌리다
ひかれる

자신에게 없는 것을 가진 사람에게 끌립니다.
じ ぶん　　　　　　　も　　 ひと
自分にないものを持った人にひかれます。

동경하다
あこが
憧れる

저는 선배의 그런 사고방식을 동경했습니다.
わたし　せんぱい　　　　　　　　かんが　かた　あこが
私は先輩のそんな考え方に憧れました。

권하다, 유혹하다,
초대하다
さそ
誘う

그녀를 데이트에 권했지만 실패였습니다.
かのじょ　　　　　　さそ　　　　　　　しっぱい
彼女をデートに誘いましたが、失敗でした。

사랑하다, 연애하다
こい
恋する

사랑하는 사람에게 비밀은 없습니다.
こい　　ひと　ひ みつ
恋する人に秘密はありません。

➕ あい
愛する 사랑하다

어울리다 ★
に あ
似合う

두 사람은 잘 어울리네요.
ふたり　　　　　　　　　に あ
2人はとても似合っていますね。

❗ 옷, 신발 등이 잘 어울린다고 하는 경우에도 사용

사귀다
付き合う
<ruby>付<rt>つ</rt></ruby>き<ruby>合<rt>あ</rt></ruby>う

그녀와 사권 지 1년입니다.

彼女と<ruby>付<rt>つ</rt></ruby>き<ruby>合<rt>あ</rt></ruby>って１年です。
<ruby>彼女<rt>かのじょ</rt></ruby>　<ruby>付<rt>つ</rt></ruby>き<ruby>合<rt>あ</rt></ruby>って　<ruby>1年<rt>いちねん</rt></ruby>

❗ 남녀 사이의 교제가 아닌 친구나 사람을 사귀는 경우에도 사용

구애하다, 플러팅하다
口説く
<ruby>口<rt>く</rt></ruby><ruby>説<rt>ど</rt></ruby>く

남성에게 플러팅하는 방법을 알려 주세요.

<ruby>男性<rt>だんせい</rt></ruby>を<ruby>口<rt>く</rt></ruby><ruby>説<rt>ど</rt></ruby>く<ruby>方法<rt>ほうほう</rt></ruby>を<ruby>教<rt>おし</rt></ruby>えてください。

고백하다
告白する
<ruby>告<rt>こく</rt></ruby><ruby>白<rt>はく</rt></ruby>する

짝사랑하던 선배에게 고백했습니다.

<ruby>片思<rt>かたおも</rt></ruby>いしていた<ruby>先輩<rt>せんぱい</rt></ruby>に<ruby>告白<rt>こくはく</rt></ruby>しました。

❗ <ruby>告<rt>こく</rt></ruby>る라고도 함

수줍어하다
照れる
<ruby>照<rt>て</rt></ruby>れる

좋아하는 사람 앞에서는 수줍어져 버립니다.

<ruby>好<rt>す</rt></ruby>きな<ruby>人<rt>ひと</rt></ruby>の<ruby>前<rt>まえ</rt></ruby>では<ruby>照<rt>て</rt></ruby>れてしまいます。

➕ ツンデレ 퉁명스러워 보이나 속은 그렇지 않은 사람

인기가 많다
モテる

왜 오빠가 인기가 많은지 나는 모르겠다.

なぜ<ruby>兄<rt>あに</rt></ruby>がモテるのか<ruby>私<rt>わたし</rt></ruby>は<ruby>分<rt>わ</rt></ruby>からない。

꽁냥꽁냥하다
イチャイチャする

공공장소에서 꽁냥꽁냥하다니.

<ruby>公共<rt>こうきょう</rt></ruby>の<ruby>場<rt>ば</rt></ruby>でイチャイチャするなんて。

질투하다
嫉妬する
<ruby>嫉<rt>しっ</rt></ruby><ruby>妬<rt>と</rt></ruby>する

남자 친구의 여사친을 질투해 버립니다.

<ruby>彼氏<rt>かれし</rt></ruby>の<ruby>女友達<rt>おんなともだち</rt></ruby>に<ruby>嫉妬<rt>しっと</rt></ruby>してしまいます。

➕ <ruby>妬<rt>ねた</rt></ruby>む 질투하다

🧀 일본어 단어, 궁금해요!

Q '사랑하다'를 뜻하는 <ruby>恋<rt>こい</rt></ruby>する와 <ruby>愛<rt>あい</rt></ruby>する의 차이가 궁금해요.

A <ruby>恋<rt>こい</rt></ruby>する는 주로 이성 간의 사랑을 표현할 때 사용해요. 반면 <ruby>愛<rt>あい</rt></ruby>する는 사람, 동물 등 모든 대상에 사용해요.

강의 보기

동사

회화 Talk!

Talk① | 외국 생활의 꿈

Track125

외국에서 생활해보고 싶은데. 어디 좋은 곳 없을까?
外国で暮らしてみたいな。どこかいい場所ないかな？

나는 미국에 거주해보고 싶어.
僕はアメリカに住んでみたい。

거기도 좋지만, 유럽도 매력적이지.
そこもいいけど、ヨーロッパも魅力的だね。

하긴, 프랑스나 영국에는 가 보고 싶었어.
確かに、フランスかイギリスには行ってみたかった。

New 단어 アメリカ 미국 ヨーロッパ 유럽 魅力的だ 매력적이다 確かに 하긴, 확실히 フランス 프랑스
イギリス 영국

Talk② | 고장 난 전자레인지

Track126

배고프네, 뭔가 먹을까?
お腹がすいたな、何か食べようか？

응, 냉장고에 남은 피자를 전자레인지에 가열할게.
うん、冷蔵庫に余ったピザをチンするね。

그런데 전자레인지 고장 나지 않았어?
でも、電子レンジ壊れてたんじゃない？

아, 그랬지.
あ、そうだったね。

New 단어 お腹がすく 배고프다 余る 남다 ピザ 피자 でも 그런데 壊れる 고장 나다

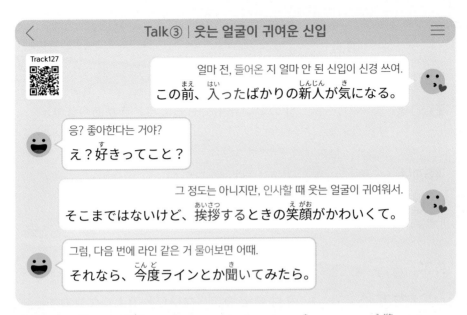

Talk③ | 웃는 얼굴이 귀여운 신입

Track127

얼마 전, 들어온 지 얼마 안 된 신입이 신경 쓰여.
この前、入ったばかりの新人が気になる。

응? 좋아한다는 거야?
え？好きってこと？

그 정도는 아니지만, 인사할 때 웃는 얼굴이 귀여워서.
そこまではないけど、挨拶するときの笑顔がかわいくて。

그럼, 다음 번에 라인 같은 거 물어보면 어때.
それなら、今度ラインとか聞いてみたら。

New 단어 ｜ この前 얼마 전 新人 신입 気になる 신경 쓰이다, 궁금하다 好きだ 좋아하다 笑顔 웃는 얼굴
かわいい 귀엽다 今度 다음 번 ライン 라인(메신저 앱)

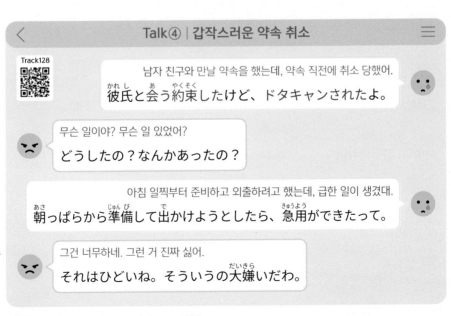

Talk④ | 갑작스러운 약속 취소

Track128

남자 친구와 만날 약속을 했는데, 약속 직전에 취소 당했어.
彼氏と会う約束したけど、ドタキャンされたよ。

무슨 일이야? 무슨 일 있었어?
どうしたの？なんかあったの？

아침 일찍부터 준비하고 외출하려고 했는데, 급한 일이 생겼대.
朝っぱらから準備して出かけようとしたら、急用ができたって。

그건 너무하네. 그런 거 진짜 싫어.
それはひどいね。そういうの大嫌いだわ。

New 단어 ｜ 朝っぱら 아침 일찍 準備 준비 急用 급한 일 できる 생기다 ひどい 너무하다
大嫌いだ 진짜 싫다

Track071

★은 꼭 알아야 할 일상 필수 어휘입니다.

옥신각신하다

もめる

사이가 좋은 형제라도 옥신각신할 때가 있습니다.

仲のいい兄弟でももめるときがあります。

➕ もめごと 다툼, 분쟁

괴롭히다

いじめる

괴롭히는 쪽이 100% 나쁩니다.

いじめる側が100パーセント悪いです。

➕ いじめ 괴롭힘

싸우다

ケンカする

나는 여동생과 하찮은 일로 자주 싸운다.

私は妹とつまらないことでよくケンカする。

조르다

ねだる

용돈을 조르고 있습니다.

お小遣いをねだっています。

놀리다

からかう

선생님을 놀리다니 건방지네요.

先生をからかうなんて生意気ですね。

속이다, 얼버무리다

ごまかす

그녀가 나이를 속이고 있었습니다.

彼女が年齢をごまかしていました。

배신하다

裏切る

아무렇지도 않게 다른 사람을 배신하는 사람도 있습니다.

平気で他人を裏切る人もいます。

➕ 裏切者 배신자

시치미 떼다

とぼける

시치미 떼는 것도 적당히 해라.

とぼけるのもいい加減_{かげん}にしろ。

난폭하게 굴다

荒_あれる

사춘기 아들의 난폭하게 구는 모습이 걱정입니다.

思春期_{ししゅんき}の息子_{むすこ}の荒_あれる様子_{ようす}が心配_{しんぱい}です。

❗ 피부 등이 거친 상태임을 나타낼 때도 사용

풀 죽다

しょぼくれる

실패하면 풀 죽을 수밖에 없어요.

失敗_{しっぱい}したら、しょぼくれるしかないですよ。

움츠러들다, 주눅 들다

ビビる

귀신의 집에서는 움츠러들어 버립니다.

お化_ばけ屋敷_{やしき}ではビビってしまいます。

질리다

飽_あきる

제멋대로인 사람에게는 질려 버립니다.

わがままな人_{ひと}には飽_あきてしまいます。

사과하다 ★

謝_{あやま}る

가능한 한 빨리 사과하는 편이 좋습니다.

できるだけ早_{はや}く謝_{あやま}った方_{ほう}がいいです。

화해하다

仲直_{なかなお}りする

친구와 화해하고 싶습니다.

友達_{ともだち}と仲直_{なかなお}りしたいです。

❗ 仲(사이)+直る(바로 잡히다)

🐌 **일본어 단어, 궁금해요!**

Q ごまかす와 とぼける의 정확한 구분이 궁금해요.

A ごまかす는 거짓말하여 그 상황을 모면하거나 대처하는 것을 의미해요. 반면 とぼける
는 알고 있는 사실을 모르는 척할 때 사용해요.

강의 보기

72 주고 받기

Track072

★은 꼭 알아야 할 일상 필수 어휘입니다.

받다 ★
もらう
졸업식에서 꽃다발을 받았습니다.
卒業式で花束をもらいました。

받다 ★
いただく
협력을 받아 감사합니다(협력해 주셔서 감사합니다).
ご協力いただき、ありがとうございます。
❶ もらう의 겸양 표현(나를 낮춤)

주다
やる
매일 아침 꽃에 물을 줍니다.
毎朝花に水をやります。
❶ 아랫사람, 동물, 식물에게 사용하고 윗사람에게는 사용하지 않음

주다 ★
あげる
초콜릿을 하나씩 줍니다.
チョコレートを1つずつあげます。
❶ 내가 타인에게 주거나 타인이 타인에게 주는 경우에 사용

드리다
差し上げる
연락 드리겠습니다.
ご連絡差し上げます。
❶ あげる의 겸양 표현(나를 낮춤)

주다 ★
くれる
친구가 나에게 편지를 주었습니다.
友達が私に手紙をくれました。
❶ 타인이 나 혹은 나의 가족에게 주는 경우에 사용

주시다 ★
くださる
과장님은 나에게 기념품을 주셨습니다.
課長は私にお土産をくださいました。
❶ くれる의 존경 표현(상대방을 높임) ❶ 정중형은 くださいます(주십니다)

빌려주다
貸す か

後輩에게 지우개를 빌려주었습니다.
後輩に消しゴムを貸しました。 こうはい け か

빌리다
借りる か

도서관에서 책을 빌렸습니다.
図書館で本を借りました。 としょかん ほん か

돌려주다
返す かえ

그에게 빌린 돈을 돌려주었습니다.
彼から借りたお金を返しました。 かれ か かね かえ

주다, 수여하다
与える あた

이 책은 많은 지식을 주었다.
この本は多くの知識を与えた。 ほん おお ちしき あた

❗ 주로 영향이나 상·벌 등에 사용

받다
受ける う

아이돌에게 영향을 받는 아이들이 많습니다.
アイドルに影響を受ける子どもが多いです。 えいきょう う こ おお

❗ 주로 추상적인 것을 받을 때 사용

건네다
渡す わた

메뉴판을 점원에게 건넵니다.
メニューを店の人に渡します。 みせ ひと わた

전하다, 알리다
伝える つた

휴업 알림을 전합니다.
休業のお知らせを伝えます。 きゅうぎょう し つた

동사

🫐 **일본어 단어, 궁금해요!**

Q 「(타인)が私に~てくれる」와 「私は(타인)に~てもらう」의 차이가 궁금해요. わたし わたし

A くれる를 사용하는 경우, 다른 사람이 자발적으로 나에게 어떤 동작을 해 주었다는 뉘앙스예요. 반면 もらう는 내가 다른 사람에게 요청해서 그 사람이 해 주었다는 뉘앙스가 강하답니다.

73 착용/미용

Track073

★은 꼭 알아야 할 일상 필수 어휘입니다.

(상의를) 입다 ★

着る

밖은 춥기 때문에 코트를 입는 편이 좋습니다.

外は寒いのでコートを着た方がいいです。

➕ 試着 입어 봄

(하의를) 입다 ★

履く

반바지를 입고 출근해도 되나요?

短パンを履いて出勤してもいいですか。

(모자 등을) 쓰다 ★

かぶる

사내에서 모자를 쓰는 것은 자유입니다.

社内で帽子をかぶるのは自由です。

(액세서리 등을) 하다 ★

つける

귀걸이를 하고 있는 사람이 나의 여동생입니다.

ピアスをつけている人が私の妹です。

(안경을) 쓰다, (몸에) 걸치다 ★

かける

안경을 쓴 채 잠들어버렸습니다.

眼鏡をかけたまま寝てしまいました。

(넥타이를) 매다 ★

締める

정장을 입고 넥타이를 맵니다.

スーツを着てネクタイを締めます。

바르다, 칠하다

塗る

립스틱을 바르면 입술이 거칠어집니다.

口紅を塗ると唇が荒れます。

걸치다
はおる
羽織る

무언가 걸칠 것을 갖고 가는 편이 좋아.
何か羽織るものを持って行った方がいいよ。

갈아입다 ★
きがえる
着替える

수영복으로 갈아입읍시다.
水着に着替えましょう。

❶ 着る(입다)+替える(교체하다)

벗다 ★
ぬぐ
脱ぐ

집 현관에서 신발을 벗게 되어 있습니다.
家の玄関で靴を脱ぐことになっています。

(우산을) 쓰다
さす

가랑비라도 우산을 쓰는 사람이 많습니다.
小雨でも傘をさす人が多いです。

(머리를) 묶다
むすぶ
結ぶ

머리가 어깨에 닿으면 묶는다고 하는 교칙이 있습니다.
髪が肩についたら結ぶという校則があります。

➕ 結婚 결혼 ➕ 結果 결과

(머리를) 풀다
ほどく

머리를 푸는 쪽이 귀여워 보여.
髪をほどいた方がかわいく見えるよ。

빗다, 빗질하다
とかす

머리를 뒤로 빗습니다.
髪を後ろにとかします。

염색하다
そめる
染める

기분 전환으로 머리나 염색할까.
気晴らしに髪の毛でも染めようかな。

74 날씨/자연현상

Track074

★은 꼭 알아야 할 일상 필수 어휘입니다.

(눈, 비 등이) 내리다 ★
降る

모처럼의 소풍인데 비가 내립니다.
せっかくの遠足なのに雨が降ります。

❗ ～に降られる (눈, 비 등을) 맞다(수동태)

(바람이) 불다 ★
吹く

산들산들 바람이 불고 있습니다.
そよそよ風が吹いています。

(비가) 그치다, 멈추다 ★
止む

외출할 즘에는 비가 그쳐주면 좋겠다.
出かける頃には雨が止んでくれたらいいな。

➕ 照る 개다

(날이) 밝다
明ける

날이 밝을 때까지 책을 계속 읽었습니다.
夜が明けるまで本を読み続けました。

➕ 夜が明ける 날이 밝다 ➕ 週明け 새로운 한 주가 시작됨

(날이) 저물다
暮れる

해가 저물고 추워졌습니다.
日が暮れて寒くなりました。

➕ 明け暮れる 세월이 흐르다

맑아지다, 개다 ★
晴れる

(날씨가) 맑아지면 좋겠다고 바랍니다.
晴れてほしいと願います。

➕ 晴れ 맑음

흐리다 ★
曇る

오늘은 (날씨가) 흐려서 조금 선선합니다.
今日は曇っていて少し涼しいです。

➕ 曇り 흐림

떠오르다
のぼ
昇る

태양은 동쪽에서 떠오릅니다.
たいよう　ひがし　のぼ
太陽は東から昇ります。

ⓘ 지위가 오르는 경우(승급)에도 사용

(꽃이) 피다 ★
さ
咲く

이 나무는 봄에 꽃이 피어요.
き　はる　はな　さ
この木は春に花が咲きますよ。

(싹, 가지 등이) 나오다
は
生える

잡초는 뽑아도 나옵니다.
ざっそう　ぬ　は
雑草は抜いても生えてきます。

➕ 生じる 생기다, 일어나다
しょう

(열매가) 열리다, 여물다
みの
実る

이 나무에는 맛있는 복숭아가 열립니다.
き　もも　みの
この木にはおいしい桃が実ります。

➕ 実り 결실, 열매
みの

(꽃잎이) 지다
ち
散る

벚꽃은 금방 져버립니다.
さくら　はな　ち
桜の花はすぐに散ってしまいます。

시들다
か
枯れる

식물은 물이 없으면 시듭니다.
しょくぶつ　みず　か
植物は水がなければ枯れます。

빛나다
ひか
光る

밤하늘에 별이 빛나고 있습니다.
よぞら　ほし　ひか
夜空に星が光っています。

🍇 **일본어 단어, 궁금해요!**

Q 生える와 生じる의 차이가 궁금해요.
は　　　　しょう

A 生える는 싹이나 가지처럼 안에서부터 밖으로 자라는 경우에 사용해요. 반면 生じる는
は　　　　　　　　　　　　　　　　　　　　　　　　　　　　　　しょう
사건이나 현상처럼 무언가 발생하거나, 일어나는 경우에 사용해요.

강의 보기

동
사

75 금융/소비

Track075

★은 꼭 알아야 할 일상 필수 어휘입니다.

(돈을) 벌다 ★
稼ぐ

생활비를 벌고 있습니다.
生活費を稼いでいます。

벌다, 이익을 보다
儲ける

그는 주식 투자로 (돈을) 벌었습니다.
彼は株式投資で儲けました。

저축하다
貯める

제 목표는 달에 20만엔을 저축하는 것입니다.
私の目標は月に20万円を貯めることです。

➕ 貯まる 모이다

맡기다, 예금하다
預ける

돈을 은행에 맡깁니다.
お金を銀行に預けます。

➕ 預かる 맡다

인출하다
引き出す

ATM에서 돈을 인출합니다.
ＡＴＭでお金を引き出します。

이체하다, 납입하다
振り込む

지정 계좌에 납입해 주세요.
指定の口座に振り込んでください。

➕ 納める 납입하다

한턱내다
おごる

이번에는 내가 한턱낼게.
今回は私がおごるよ。

소비하다
費やす (つい)

그녀는 쇼핑에 많은 돈을 소비합니다.

彼女は買い物に多くのお金を費やします。
(かのじょ・か・もの・おお・かね・つい)

❗ 적정한 소비보다는 주로 낭비, 써서 없애는 경우에 사용

사다 ★
買う (か)

새로운 스마트폰을 샀습니다.

新しいスマホを買いました。
(あたら・か)

팔다 ★
売る (う)

손해를 보고 집을 팔았습니다.

損をして家を売りました。
(そん・いえ・う)

(인터넷에서) 구매하다
ポチる

나는 갖고 싶은 게 있으면 인터넷에서 구매해.

私は欲しいものがあればネットでポチるよ。
(わたし・ほ)

❗ 마우스를 클릭하는 소리인 ポチ에서 온 단어

지불하다 ★
支払う (し・はら)

현금으로 지불합니다.

現金で支払います。
(げんきん・し・はら)

환불하다
返金する (へん・きん)

맛없으면 환불해 드립니다.

まずかったら返金します。
(へんきん)

기부하다
寄付する (き・ふ)

곰인형이나 장난감을 기부했습니다.

ぬいぐるみやおもちゃを寄付しました。
(き・ふ)

🐛 **일본어 단어, 궁금해요!**

Q '벌다'를 뜻하는 稼ぐ(かせ)와 儲ける(もう)의 차이가 궁금해요.

A 稼ぐ(かせ)는 착실한 노동을 통해 금전을 취득하는 경우에 사용해요. 儲ける(もう)는 주식이나 투자 등으로 금전을 취득할 때 사용해요. 또한 이벤트 등에 의한 이득을 나타내요.

강의 보기

76 교통

★은 꼭 알아야 할 일상 필수 어휘입니다.

타다 ★
の
乗る

자전거를 타고 회사에 갑니다.

じ てんしゃ の かいしゃ い
自転車に乗って会社に行きます。

❗ 교통수단+に乗る ~을/를 타다

내리다 ★
お
降りる

다음 역에서 내립니다.

つぎ えき お
次の駅で降ります。

❗ 교통수단+を/から降りる ~에서 내리다

운전하다 ★
うん てん
運転する

술을 마시고 운전하는 것은 절대 안됩니다.

さけ の うんてん ぜったい
お酒を飲んで運転するのは絶対ダメです。

놓치다, 늦어서 못 타다
の おく
乗り遅れる

하마터면 버스를 놓칠 뻔했습니다.

の おく
あやうくバスに乗り遅れるところでした。

❗ 乗る(타다)+遅れる(늦다)

환승하다, 갈아타다 ★
の か
乗り換える

회사에 갈 때까지 두 번 전철을 환승합니다.

かいしゃ い に かいでんしゃ の か
会社へ行くまでに2回電車を乗り換えます。

❗ 乗る(타다)+換える(바꾸다)

펑크나다
パンクする

자동차 타이어가 펑크나 버렸다.

くるま
車のタイヤがパンクしてしまった。

주유하다
きゅう ゆ
給油する

다음 주유소에서 주유합시다.

つぎ きゅう ゆ
次のガソリンスタンドで給油しましょう。

멈추다
止まる

버스가 멈출 때까지 좌석에 앉아 있어 주세요.

バスが止まるまで座席に座っていてください。

돌다
曲がる

세 번째 모퉁이에서 오른쪽으로 도세요.

3つ目の角で右に曲がってください。

양보하다
譲る

어르신께 자리를 양보합니다.

お年寄りに席を譲ります。

위반하다
違反する

교통 규칙을 위반해서는 안 됩니다.

交通ルールを違反してはいけません。

추월하다
追い越す

앞 차를 추월했습니다.

前の車を追い越しました。

❗ 追う(쫓다)+越す(넘다)

후진하다
バックする

뒤쪽 상황을 확인하면서 후진한다.

後ろの状況を確認しながらバックする。

붐비다, 혼잡하다
混む

길이 혼잡해서 늦었습니다.

道が混んでいたので遅れました。

동사

🐋 **일본어 단어, 궁금해요!**

Q 차에 '주유하다'를 注油라고는 하지 않는지 궁금해요.

A 注油는 용기에 기름을 담는 것을 의미해요. 우리나라에서 사용하는 차에 기름을 넣는다는 의미의 '주유'는 給油라고 해요.

°77 여행

Track077

★은 꼭 알아야 할 일상 필수 어휘입니다.

여행을 떠나다
たび だ
旅立つ

여행을 떠날 준비를 하고 있습니다.
たび だ　　よう い
旅立つ用意をしています。

ⓘ '돌아가시다'라는 의미로도 사용

출발하다 ★
しゅっぱつ
出発する

모레 출발할 예정입니다.
あさって　しゅっぱつ　　　よ てい
明後日出発する予定です。

도착하다 ★
つ
着く

늦어도 8시에는 도착할 거라고 생각합니다.
おそ　　　　はち じ　　　つ　　　おも
遅くとも８時には着くと思います。

とうちゃく
⊕ 到着する 도착하다

환전하다
りょうがえ
両替する

원화를 엔화로 환전해 주시겠습니까?
えん　りょうがえ
ウォンを円に両替していただけますか。

놀다 ★
あそ
遊ぶ

모래밭에서 놀 때는 안전 확인을 해 주세요.
すな ば　あそ　さい　あんぜん　かくにん
砂場で遊ぶ際は安全の確認をしてください。

あそ ば
⊕ 遊び場 놀이터

경험하다 ★
けい けん
経験する

처음으로 게스트하우스를 경험했습니다.
はじ　　　　　　　　　　　　　　けいけん
初めてゲストハウスを経験しました。

예약하다 ★
よ やく
予約する

인기 호텔이라 일찍 예약하겠습니다.
にん き　　　　　　　　　　　はや　　　よ やく
人気のホテルなので、早めに予約します。

돌아다니다, 들르다

巡る
<ruby>巡<rt>めぐ</rt></ruby>る

전세계를 돌아다니며 많은 경험을 쌓았습니다.

世界中を巡って、多くの経験を積みました。

바라보다

眺める
<ruby>眺<rt>なが</rt></ruby>める

경치를 바라보는 것을 좋아합니다.

景色を眺めるのが好きです。

➕ 眺め 경치, 전망

구경하다

見物する
<ruby>見物<rt>けんぶつ</rt></ruby>する

다음 주 후쿠오카를 구경할 생각입니다.

来週福岡を見物するつもりです。

추천하다, 권하다 ⭐

勧める
<ruby>勧<rt>すす</rt></ruby>める

일본 여행이라면 나가사키를 추천합니다.

日本旅行なら、長崎を勧めます。

힐링되다

癒される
<ruby>癒<rt>いや</rt></ruby>される

힐링되는 장소에 가고 싶습니다.

癒される場所に行きたいです。

➕ 癒す 치유하다

방문하다

訪れる
<ruby>訪<rt>おとず</rt></ruby>れる

오랜만에 고향을 방문했습니다.

久しぶりに故郷を訪れました。

❗ 장소 외에도 계절, 시기가 찾아오는 경우에도 사용

묵다, 숙박하다

泊まる
<ruby>泊<rt>と</rt></ruby>まる

역 앞 호텔에 묵기로 했습니다.

駅前のホテルに泊まることにしました。

🐹 **일본어 단어, 궁금해요!**

Q '도착하다'를 뜻하는 着く와 到着する의 차이가 궁금해요.

A 회화에서는 着く를 더 많이 사용해요. 물론 전철이나 비행기 등의 교통수단의 도착을 말하는 경우 到着する라고 해요. 到着する는 주로 문어체나 비즈니스 회화에서 사용하는 경향이 있어요.

강의 보기

★은 꼭 알아야 할 일상 필수 어휘입니다.

운동하다 ★ うんどう 運動する	매일 아침 헬스장에서 운동합니다. まいあさ　　　　　うんどう 毎朝ジムで運動します。

달리다 ★ はし 走る	매일 아침 4킬로미터를 달리고 있습니다. まいあさ　　　　　　はし 毎朝４キロを走っています。 はし ⊕ 走り 달리기

헤엄치다, 수영하다 ★ およ 泳ぐ	바다서 수영하는 것이 서툽니다. うみ　　およ　　　　にが　て 海で泳ぐことが苦手です。 すいえい ⊕ 水泳する 수영하다

춤추다 おど 踊る	곡에 맞춰서 춤춥니다. きょく　あ　　　　おど 曲に合わせて踊ります。 おど ⊕ 踊り 춤

오르다 ★ のぼ 登る	언젠가는 후지산에 올라보고 싶습니다. ふ　じさん　　のぼ いつかは富士山に登ってみたいです。 やまのぼ ⊕ 山登り 등산

미끄러지다(스키를 타다) すべ 滑る	지그재그를 그리면서 미끄러집니다. えが　　　すべ ジグザグを描いて滑ります。

차다 け 蹴る	공을 차면서 달립니다. け　　　　　　はし ボールを蹴りながら走ります。

이기다
勝つ（か）
★

시합에 이길 줄은 조금도 생각지 못했습니다.

試合（しあい）に勝（か）つとは少（すこ）しも思（おも）わなかったです。

➕ 勝（か）ち負（ま）け 승부, 승패

지다
負ける（ま）
★

이기는 때도 있으면 질 때도 있어.

勝（か）つこともあれば、負（ま）けることもあるよ。

연주하다
演奏する（えんそう）

음악을 연주할 수 있습니까?

音楽（おんがく）を演奏（えんそう）することができますか。

노래를 부르다
歌う（うた）
★

다른 사람 앞에서 노래를 부르는 것은 부끄럽습니다.

人前（ひとまえ）で歌（うた）うのは恥（は）ずかしいです。

치다, 연주하다
弾く（ひ）

그녀는 피아노를 치고 있습니다.

彼女（かのじょ）はピアノを弾（ひ）いています。

❗ 피아노나 기타, 바이올린 등 현악기에 사용

불다
吹く（ふ）

아이들은 리코더를 불고 있습니다.

子（こ）どもたちはリコーダーを吹（ふ）いています。

❗ 리코더, 플루트 등 관악기에 사용

치다
たたく

이것은 북을 치는 게임입니다.

これは太鼓（たいこ）をたたくゲームです。

❗ 북, 드럼 등 타악기에 사용

🍇 일본어 단어, 궁금해요!

Q 泳（およ）ぐ와 水泳（すいえい）する의 차이가 궁금해요.

A 泳（およ）ぐ는 물속에서 헤엄치는 행위 그 자체를 의미해요. 水泳（すいえい）する의 경우 명사 水泳（すいえい）（수영）
와 する（하다）가 합쳐진 단어로 주로 스포츠 상의 수영을 의미해요.

강의 보기

★은 꼭 알아야 할 일상 필수 어휘입니다.

범하다, 저지르다
おか
犯す

몇 번이나 같은 실수를 저질렀습니다.
なんど　おな　あやま　おか
何度も同じ過ちを犯しました。

❗ 규칙을 어긴 경우에도 사용

훔치다 ★
ぬす
盗む

다른 사람의 아이디어를 훔치는 것은 나쁜 일입니다.
ひと　　　　　　ぬす　　　わる
人のアイデアを盗むのは悪いことです。

때리다 ★
なぐ
殴る

짜증나서 벽을 때렸습니다.
かべ　なぐ
いらいらして壁を殴りました。

❗ 세게 치는 경우에 사용

숨기다, 감추다 ★
かく
隠す

그는 사실을 숨기고 있을 것입니다.
かれ　じじつ　かく
彼は事実を隠しているはずです。

➕ かくれんぼ 숨바꼭질

죽이다
ころ
殺す

코트를 만들기 위해서 동물을 죽이다니.
つく　　　　　どうぶつ　ころ
コートを作るために動物を殺すなんて。

➕ ひとごろ
人殺し 살인. 살인자

협박하다, 겁주다
おど
脅す

범인은 죽이겠다고 협박했습니다.
はんにん　ころ　　　おど
犯人は殺すぞと脅しました。

➕ おど
脅かす 놀라게 하다　➕ おびや
脅かす (신분/지위/생활 등) 위태롭게 하다

속이다
だま
騙す

친구를 속일 생각은 없었습니다.
ともだち　だま
友達を騙すつもりはありませんでした。

➕ だまし取る 갈취하다
と

의심하다
疑う
うたが

사람을 의심하는 것은 좋지 않은 일입니다.
人を疑うことは良くないことです。
ひと　うたが　　　　　　よ

➕ 疑いなく 틀림없이, 의심할 여지 없이
うたが

**고소하다, 소송하다,
호소하다**
訴える
うった

상사를 갑질로 고소하고 싶습니다.
上司をパワハラで訴えたいです。
じょう　し　　　　　　　　うった

➕ 訴え 고소(소송), 호소
うった

잡다
捕まえる
つか

그는 도둑을 잡았습니다.
彼は泥棒を捕まえました。
かれ　どろぼう　つか

➕ 捕まる 붙잡히다
つか

벌하다, 처벌하다
罰する
ばっ

사고가 일어났을 때는 책임자를 벌합니다.
事故が起こったときは責任者を罰します。
じ　こ　お　　　　　　せきにんしゃ　ばっ

**판가름하다, 재판하다,
중재하다**
裁く
さば

죄를 재판으로 판가름합니다.
罪を裁判で裁きます。
つみ　さいばん　さば

➕ 裁判 재판
さいばん

추궁하다, 캐묻다
問い詰める
と　　つ

범인을 엄하게 추궁합니다.
犯人を厳しく問い詰めます。
はんにん　きび　　と　つ

❗ 問う(묻다)+詰める(상대를 궁지에 몰아넣다)
と　　　　　　つ

명하다, 임명하다
命じる
めい

대통령은 범인 색출을 명했습니다.
大統領は犯人捜しを命じました。
だいとうりょう　はんにんさが　めい

➕ 命令 명령
めいれい

따르다
従う
したが

법을 따르지 않으면 안 됩니다.
法に従わなければなりません。
ほう　したが

❗ ～に従う ~을/를 따르다
したが

★은 꼭 알아야 할 일상 필수 어휘입니다.

등록하다, 가입하다 ★
とうろく
登録する

이름을 입력하고 계정을 등록합니다.
名前を入力して、アカウントを登録します。

➕ 加入する (조직이나 단체에) 가입하다

삭제하다, 탈퇴하다 ★
さくじょ
削除する

계정을 삭제하면 원래대로 되돌릴 수 없습니다.
アカウントを削除すると元には戻せません。

➕ 脱退する (조직이나 단체를) 탈퇴하다

(인터넷상에서)
화제가 되다

バズる

그의 발언은 (인터넷에서) 화제가 되고 있습니다.
彼の発言はバズっています。

❗ 'buzz(윙윙거리다)'에서 온 단어로, 벌때가 모여든 것 같이 화제라는 의미

비난 댓글이 쇄도하다
えんじょう
炎上する

그녀의 블로그에 비난 댓글이 쇄도했습니다.
彼女のブログが炎上しました。

❗ 무언가 불타오르는 경우에도 사용

(사진, 영상 등이)
예쁘게 찍히다
ば
映える

여기 경치는 너무 예쁘게 찍힌다.
ここの景色はすごく映える。

❗ 본래 はえる로 읽으나, 제시된 의미로 사용하는 경우 ばえる로 읽음

태그하다, 해시태그로
검색하다

タグる

맛있는 식당을 해시태그로 검색한다.
おいしいお店をタグる。

➕ タブる 인스타그램의 돋보기 기능을 이용해 정보를 얻다

(게시물을) 올리다
とうこう
投稿する

SNS에 자신의 셀카 사진을 올립니다.
SNSに自分の自撮り写真を投稿します。

언팔하다 **リムる**	헤어졌으니까 전 남친을 언팔했다. 別れたから、元カレをリムった。 <small>わか</small> <small>もと</small> ❗ 'remove(제거하다)'에서 온 단어
사진이 잘 나오다 **盛れる** <small>も</small>	자연스럽게 사진이 잘 나오는 셀카 어플을 알려 주세요. 自然に盛れる自撮りアプリを教えてください。 <small>しぜん</small> <small>も</small> <small>じど</small> <small>おし</small>
(구글에서) 검색하다 **ググる**	그에게 물어보는 것 보다 검색하는 쪽이 빨라. 彼に聞くよりググった方がはやいよ。 <small>かれ</small> <small>き</small> <small>ほう</small>
압축 해제하다 **解凍する** <small>かい とう</small>	데이터를 압축 해제해 주세요. データを解凍してください。 <small>かいとう</small> ❗ 圧縮解除(X) <small>あっしゅくかいじょ</small>
글자가 깨지다 **文字化けする** <small>も じ ば</small>	메일 본문 글자가 깨져버렸습니다. メールの本文が文字化けしてしまいました。 <small>ほんぶん</small> <small>も じ ば</small> ❗ 文字(문자)+化ける(변하다) <small>も じ</small> <small>ば</small>
저장하다, 보존하다 **保存する** <small>ほ ぞん</small>	파일을 저장하지 않고 닫아버렸습니다. ファイルを保存せずに閉じてしまいました。 <small>ほ ぞん</small> <small>と</small> ➕ 貯蔵する 저장하다 <small>ちょぞう</small>
새로고침하다 **更新する** <small>こう しん</small>	F5키를 눌러서 사이트를 새로고침합니다. Ｆ５キーを押してサイトを更新します。 <small>えふごー</small> <small>お</small> <small>こうしん</small>

🐷 일본어 단어, 궁금해요!

Q 保存する와 貯蔵する의 차이가 궁금해요.
<small>ほ ぞん</small> <small>ちょぞう</small>

A 컴퓨터나 휴대전화에 자료나 이미지, 파일 등을 저장하는 경우, '보존하다'라는 의미로
保存する를 사용한답니다. 반면 '저장하다'에 해당하는 貯蔵する는 식량 등을 보관, 비
<small>ほ ぞん</small> <small>ちょぞう</small>
축해둔다는 의미예요.

강의 보기

📱 회화 Talk!

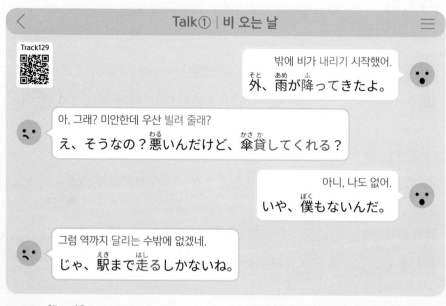

Talk① | 비 오는 날

Track129

밖에 비가 내리기 시작했어.
外、雨が降ってきたよ。

아, 그래? 미안한데 우산 빌려 줄래?
え、そうなの？悪いんだけど、傘貸してくれる？

아니, 나도 없어.
いや、僕もないんだ。

그럼 역까지 달리는 수밖에 없겠네.
じゃ、駅まで走るしかないね。

New 단어　外 밖　悪い 미안하다

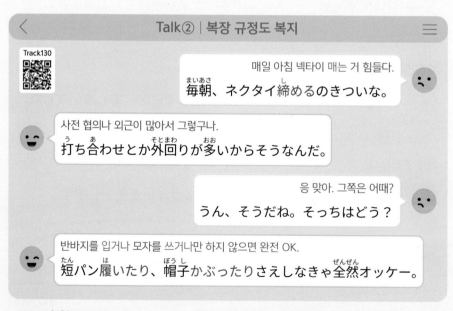

Talk② | 복장 규정도 복지

Track130

매일 아침 넥타이 매는 거 힘들다.
毎朝、ネクタイ締めるのきついな。

사전 협의나 외근이 많아서 그렇구나.
打ち合わせとか外回りが多いからそうなんだ。

응 맞아. 그쪽은 어때?
うん、そうだね。そっちはどう？

반바지를 입거나 모자를 쓰거나만 하지 않으면 완전 OK.
短パン履いたり、帽子かぶったりさえしなきゃ全然オッケー。

New 단어　毎朝 매일 아침　ネクタイ 넥타이　きつい 힘들다　多い 많다　全然 완전, 전혀　オッケー OK

Talk③ | 인터넷 배송 사기

(인터넷에서) 구매한 상품이 도착했는데, 다른 게 들어 있었어.
ポチった商品が届いたけど、違うものが入っててさ。

최악이다, 속은 거네.
最悪だね、騙されたんだ。

반품하고 환불하도록 요청했는데, 답장이 오지 않아.
返品して返金するようにお願いしたけど、返事が来ないんだ。

다시 한 번 연락해 보고, 그래도 안 되면 신고하는 편이 좋아.
もう一度連絡してみて、それでもダメなら通報した方がいいよ。

New 단어 届く 도착하다　違う 다르다　最悪だ 최악이다　返事 답장　もう一度 다시 한 번　ダメだ 안 된다

Talk④ | 효과적인 아침 러닝법

좀 살 빠졌어?
ちょっと痩せた？

최근 화제가 되고 있는 다이어트를 시작했어.
最近、バズっているダイエットを始めたんだ。

어? 뭐야 그거? 궁금한데.
え？何それ？気になるんだけど。

아침 식사를 안 먹고 달리는 거야! 공복에 달리면 지방이 더 잘 탄대.
朝食抜きで走ること！空腹で走ると、脂肪が燃えやすいって。

New 단어 ちょっと 좀, 조금　痩せる 살이 빠지다　最近 최근　ダイエット 다이어트　始める 시작하다
気になる 신경 쓰이다, 궁금하다　朝食 아침 식사　空腹 공복　脂肪 지방　燃える 타다
〜やすい ~하기 쉽다

Chapter 5

일상생활 속

형용사.zip

형용사는 사람이나 사물의 상태, 성질, 느낌 등을 묘사하며 문장에
감정과 분위기를 더하고 대상의 특성을 더욱 명확하게 하는 중요한
요소예요. 형용사를 많이 알고 있으면 다채로운 감정 표현과 묘사를
할 수 있어 풍부한 대화를 하는데 필수적이에요.

★은 꼭 알아야 할 일상 필수 어휘입니다.

크다
おお
大きい ★

더 큰 사이즈는 있습니까?

もっと_{おお}大きいサイズはありますか。

작다
ちい
小さい ★

작은 가방을 갖고 싶습니다.

_{ちい}小さいバッグがほしいです。

많다
おお
多い ★

최근 신용카드를 사용하는 사람이 많다.

_{さいきん}最近、クレジットカードを_{つか}使う_{ひと}人が_{おお}多い。

➕ _{た しょう}多少 다소, 조금

적다
すく
少ない ★

겨울은 관광객이 적다.

_{ふゆ}冬は_{かんこうきゃく}観光客が_{すく}少ない。

➕ _{すこ}少し 조금, 좀, 약간

깊다
ふか
深い ★

세계에서 가장 깊은 수영장입니다.

_{せ かい}世界で_{いちばんふか}一番深いプールです。

얕다, (정도가) 덜하다
あさ
浅い ★

얕은 연못에서 낚시를 합니다.

_{あさ}浅い_{いけ}池で_つ釣りをします。

높다, 비싸다
たか
高い ★

이 빌딩은 세계에서 가장 높다고 합니다.

このビルは_{せ かい}世界で_{もっと}最も_{たか}高いそうです。

❗ '키가 크다'는 _{せ おお}背が大きい가 아닌 _{せ たか}背が高い

낮다
ひく
低い

집 근처에 낮은 언덕이 있습니다.
いえ ちか ひく おか
家の近くに低い丘があります。

❗ '키가 작다'는 背が小さい가 아닌 背が低い
せ ちい せ ひく

저렴하다
やす
安い

조금 더 저렴한 컴퓨터를 찾고 있다.
やす さが
もっと安いパソコンを探している。

두껍다
あつ
厚い

두꺼운 코트를 가지고 갑니다.
あつ も
厚いコートを持っていきます。

얇다
うす
薄い

우선 고기를 얇게 썰어 주세요.
にく うす き
まず肉を薄く切ってください。

넓다
ひろ
広い

저 공원은 넓고 깨끗합니다.
こうえん ひろ
あの公園は広くてきれいです。

➕ 広場 광장
ひろ ば

좁다
せま
狭い

좁은 정원이라도 좋습니다.
せま にわ
狭い庭でもいいです。

길다
なが
長い

신발끈이 길다.
くつひも なが
靴紐が長い。

➕ 長所 장점
ちょうしょ

짧다
みじか
短い

인생은 짧다.
じんせい みじか
人生は短い。

➕ 短所 단점
たんしょ

Track082

★은 꼭 알아야 할 일상 필수 어휘입니다.

무겁다
おも
重い ★

그는 무거운 짐을 옮기고 있습니다.
かれ おも にもつ はこ
彼は重い荷物を運んでいます。

가볍다
かる
軽い ★

작고 가벼운 카메라를 샀다.
ちい かる か
小さくて軽いカメラを買った。

굵다
ふと
太い ★

이 오이 매우 굵다.
このキュウリ、とても太い。
ふと
➕ 太る 살찌다

가늘다
ほそ
細い ★

그녀는 손가락이 가늘다.
かのじょ ゆび ほそ
彼女は指が細い。
こま
➕ 細かい 자세하다

멀다
とお
遠い ★

집에서 회사까지는 멀다.
いえ かいしゃ とお
家から会社までは遠い。
とお
❗ 장소+から遠い ~에서 멀다

가깝다
ちか
近い ★

일본에서 가장 가까운 나라는 한국입니다.
に ほん いちばんちか くに かんこく
日本から一番近い国は韓国です。
ちか
❗ 장소+から近い ~에서 가깝다

빠르다, 이르다
はや
早い ★

아이는 새로운 환경에 익숙해지는 것이 빠르다.
こ あたら かんきょう な はや
子どもは新しい環境に慣れるのが早い。
はや ね はや お
➕ 早寝早起き 일찍 자고 일찍 일어 남

빠르다
はや
速い ★

강의 흐름이 빠르니까 조심합시다.

川の流れが速いので気をつけましょう。

➕ 速度 속도

늦다
おそ
遅い ★

아들은 최근 귀가가 늦다.

息子は最近帰りが遅い。

밝다
あか
明るい ★

밝은 색 옷이 잘 어울립니다.

明るい色の服がよく似合います。

❗ 명암, 성격 등 다양하게 사용

어둡다
くら
暗い ★

어두운 곳에서 책을 읽으면 눈이 나빠진다.

暗いところで本を読んだら目が悪くなる。

❗ 명암, 성격 등 다양하게 사용

희귀하다, 드물다
めずら
珍しい ★

지각을 하다니 희귀하네.

遅刻するなんて、珍しいね。

빈번하다, 잦다
ひん ぱん
頻繁だ ★

산불이 빈번히 발생한다.

山火事が頻繁に発生する。

간단하다
かん たん
簡単だ ★

규칙은 간단해요.

ルールは簡単ですよ。

➕ シンプルだ 간단하다 ➕ 複雑だ 복잡하다

🍇 **일본어 단어, 궁금해요!**

Q '빠르다'를 뜻하는 早い와 速い의 차이가 궁금해요.

A 早い는 ① 시간이 이른(빠른) 경우, ② 적절한 시기에 다다르지 않은 경우에 주로 사용하며, 速い는 동작이나 속도가 빠른 경우에 사용해요.

강의 보기

Track083

★은 꼭 알아야 할 일상 필수 어휘입니다.

기쁘다 ★
うれ
嬉しい

다시 만나 뵙게 되어 기쁩니다.
あ   うれ
またお会いできて嬉しいです。

즐겁다 ★
たの
楽しい

함께 있으면 즐겁다.
いっしょ   たの
一緒にいると楽しい。

➕ たの
楽しむ 즐기다　➕ たの
楽しみ 기대, 즐거움

재미있다 ★
おも しろ
面白い

저 영화는 생각 이상으로 재미있다.
えい が   おも   い じょう   おも しろ
あの映画は思った以上に面白い。

기분이 좋다, 상쾌하다
속이 시원하다
ここ ち
心地よい

기분 좋은 봄바람이 불고 있습니다.
ここ ち   はる   かぜ   ふ
心地よい春の風が吹いています。

❗ 동사 ます형+心地(が)いい ~할 때의 느낌이 좋다
➕ き ごこち
着心地がいい 착용감이 좋다

마음이 든든하다
こころ づよ
心強い

선배의 지원이 있으면 마음이 든든하다.
せんぱい   こころ づよ
先輩のサポートがあると心強い。

고맙다, 감사하다

ありがたい

도움을 받을 수 있다면 감사하겠습니다만….
て つだ
手伝ってもらえるとありがたいのですが…。

➕ ありがとうございます 고맙습니다

부럽다 ★
うらや
羨ましい

저 여배우의 예쁜 피부가 부럽다.
じょゆう   はだ   うらや
あの女優のきれいな肌が羨ましい。

기분이 좋다, 상쾌하다
快い
ここちよ

상쾌한 수면을 위해 요가를 시작했다.
快い眠りのためにヨガを始めた。
ここち　　　ねむ　　　　　　　　　　　　　はじ

갖고 싶다 ★
ほしい

신형 스마트폰을 갖고 싶다.
新型スマホがほしい。
しんがた

❶ '~을/를 갖고 싶다'는 「～を ほしい」가 아닌 「～が ほしい」

행복하다 ★
幸せだ
しあわ

가족 모두 건강해서 행복합니다.
家族みんな元気で幸せです。
かぞく　　　　　げんき　　しあわ

❶ 幸せ 행복
しあわ

좋아하다 ★
好きだ
す

혼자 있는 것을 좋아합니다.
一人でいるのが好きです。
ひとり　　　　　　　　す

❶ '~을/를 좋아하다'는 「～を好きだ」가 아닌 「～が好きだ」
す　　　　　　　　　　　す

마음 편하다, 홀가분하다
気楽だ
きらく

아무쪼록 마음 편하게 오세요.
どうぞ気楽にお越しください。
きらく　　　こ

❶ 気(기분)+楽だ(편하다)
き　　　　らく

괜찮다 ★
大丈夫だ
だいじょうぶ

상처는 괜찮습니까?
けがは大丈夫ですか。
だいじょうぶ

❶ 이미 충분하다는 의미로 거절할 때도 사용

만족하다
満足だ
まんぞく

배불리 먹어서 만족합니다.
お腹いっぱい食べたから満足です。
なか　　　　　た　　　　　　まんぞく

일본어 단어, 궁금해요!

Q 心地よい와 快い의 차이가 궁금해요.
ここち　　　こころよ

A 心地よい는 외부 자극을 받았을 때의 기분을 나타내고, 快い는 능동적으로 느끼는 감
ここち　　　　　　　　　　　　　　　　　　　　　　　　　　　　　　こころよ
정을 나타내요.

강의 보기

형용사

★은 꼭 알아야 할 일상 필수 어휘입니다.

슬프다 ★
かな
悲しい

슬픈 소식을 듣고 눈물이 흘렀다.
かな   し   き   なみだ あふ
悲しい知らせを聞いて涙が溢れた。

➕ かな
悲しむ 슬퍼하다

무섭다 ★
こわ
怖い

밤길을 걷는 것은 무섭다.
よ みち ある   こわ
夜道を歩くのは怖い。

➕ こわ
怖がる 무서워하다

밉다
にく
憎い

배신한 상대가 밉다.
うら ぎ   あい て   にく
裏切った相手が憎い。

➕ にく
憎む 미워하다

짜증나다
うざい

부장님은 끈질겨서 짜증난다.
ぶ ちょう
部長はしつこくてうざい。

❗ 속어이므로 윗사람에게 혹은 정중한 상황에서는 사용하지 않음

괴롭다
つら
辛い

괴로운 경험이야 말로 공부가 된다.
つら けいけん   べんきょう
辛い経験こそ勉強になる。

분하다, 억울하다
くや
悔しい

시합에 져서 분하다.
し あい ま   くや
試合に負けて悔しい。

➕ こうかい
後悔 후회

외롭다 ★
さび
寂しい

아무에게도 연락이 안 와서 외롭다.
だれ   れんらく こ   さび
誰からも連絡が来なくて寂しい。

➕ さみ
淋しい 외롭다(정서적인 외로움)

꺼림칙하다
後ろめたい

부탁을 거절하고 꺼림칙한 기분이 들었다.

頼みを断って、後ろめたい気持ちになった。

고민되다, 괴롭다
悩ましい

굉장히 고민되는 문제네요.

とても悩ましい問題ですね。

➕ 悩む 고민하다

애절하다
切ない

애절한 짝사랑 영화입니다.

切ない片思いの映画です。

헛되다, 공허하다
空しい

그것은 헛된 꿈에 불과합니다.

それは空しい夢に過ぎません。

❗ 한자 空가 들어가는 경우 공간이 텅 비었음을 나타낼 때가 많음

➕ 空 하늘

유감이다, 아쉽다 ★
残念だ

우승을 놓쳐서 유감입니다.

優勝を逃して残念です。

➕ 残念ながら 유감스럽게도

불쌍하다 ★
かわいそうだ

부모님을 잃은 아이가 불쌍합니다.

両親を亡くした子どもがかわいそうです。

➕ かわいい(귀엽다)와는 관계없는 단어

따분하다
退屈だ

따분해서 무언가 새로운 것을 시작하고 싶습니다.

退屈なので何か新しいことを始めたいです。

🐟 **일본어 단어, 궁금해요!**

Q 읽는 방법이 여러 개인 단어는 어떻게 구분하는지 궁금해요.

A 辛い의 경우 つらい와 からい로 읽을 수 있는데, 단어만 달랑 있는 경우에는 구분하기 어렵지만, 문장 속에 등장한 경우에는 앞뒤 문장을 읽고 그 의미를 파악해 읽을 수 있어요.

★은 꼭 알아야 할 일상 필수 어휘입니다.

상냥하다 ★
優しい
やさ

그녀는 누구를 대하든 상냥하다.
彼女は誰に対しても優しい。
かのじょ だれ たい やさ

❶ 명사+に優しい ~에 친화적이다
やさ

얌전하다, 온순하다 ★
大人しい
おとな

얌전하다기보다는 낯가림을 합니다.
大人しいというよりも人見知りをします。
おとな ひと み し

➕ 大人っぽい 어른스럽다 ➕ 大人らしい 어른답다
おとな おとな

신중하다, 조심성이 많다
用心深い
ようじんぶか

그는 필요 이상으로 신중하다.
彼は必要以上に用心深い。
かれ ひつよう い じょう ようじんぶか

❶ 用心(조심, 주의)+深い(깊다)
ようじん ふか

끈기 있다
粘り強い
ねば づよ

그는 끈기 있는 선수입니다.
彼は粘り強い選手です。
かれ ねば づよ せんしゅ

❶ 粘り(끈기)+強い(강하다)
ねば つよ

사려 깊다
思慮深い
し りょ ぶか

타인을 소중히 대하는 사려 깊은 사람입니다.
他人を大切にする思慮深い人です。
た にん たいせつ しりょぶか ひと

❶ 思慮(사려)+深い(깊다)
しりょ ふか

긍정적이다
前向きだ
まえ む

긍정적으로 검토하겠습니다.
前向きに検討します。
まえ む けんとう

➕ 後ろ向きだ 소극적이다
うし む

활발하다
活発だ
かっ ぱつ

저 아이는 활기차고 활발합니다.
あの子は元気で活発です。
こ げんき かっぱつ

➕ 活動 활동
かつどう

명랑하다
朗_{ほが}らかだ

항상 명랑하게 웃고 있습니다.

いつも朗_{ほが}らかに笑_{わら}っています。

친절하다 ⭐
親切_{しんせつ}だ

친절한 꽃집 주인이네요.

親切_{しんせつ}なお花屋_{はな や}さんですね。

신중하다
慎重_{しんちょう}だ

그녀는 신중해서 결단을 잘 못한다.

彼女_{かのじょ}は慎重_{しんちょう}で決断_{けつだん}がよくできない。

꼼꼼하다
几帳面_{き ちょうめん}だ

새로운 비서는 꼼꼼한 성격입니다.

新_{あたら}しい秘書_{ひ しょ}は几帳面_{き ちょうめん}な性格_{せいかく}です。

낙관적이다
楽観的_{らっかんてき}だ

낙담하지 말고 낙관적으로 생각합시다.

落_おち込_こまないで、楽観的_{らっかんてき}に考_{かんが}えましょう。

대범하다
おおらかだ

대범해서 자잘한 일은 신경 쓰지 않는다.

おおらかで細_{こま}かいことは気_きにしない。

쾌활하다
陽気_{よう き}だ

그녀는 쾌활하고 사교적인 성격입니다.

彼女_{かのじょ}は陽気_{よう き}で、社交的_{しゃこうてき}な性格_{せいかく}です。

➕ 陽_{よう}キャ 인싸

형용사

🐌 **일본어 단어, 궁금해요!**

Q 大人_{おとな}しい를 '어른스럽다'로 해석해도 되는지 궁금해요.

A 大人_{おとな}しい에는 大人_{おとな}(어른)가 포함되어 있어 자칫 '어른스럽다'로 해석하기 쉬워요. '어른스럽다'는 大人_{おとな}っぽい라고 한답니다.

86 성격(부정)

★은 꼭 알아야 할 일상 필수 어휘입니다.

엄격하다
きび
厳しい

담임 선생님은 엄격하기 때문에 긴장해 버린다.
担任の先生は厳しいので、緊張してしまう。
❗ 정도가 심함을 나타내기도 함

끈질기다
しつこい

그는 사적인 질문을 끈질기게 합니다.
彼はプライベートな質問をしつこくします。

뻔뻔스럽다, 넉살 좋다
ずうずう
図々しい

뻔뻔스러운 새치기 차량이 많습니다.
図々しい割り込みの車が多いです。
➕ 厚かましい 뻔뻔하다

악랄하다
あくどい

악랄한 수단으로 정보를 훔치고 있었다니.
あくどい手段で情報を盗んでいたとは。

약삭빠르다
あざとい

약삭빠른 그녀는 항상 내숭을 떱니다.
あざとい彼女はいつも猫を被ります。
❗ 최근에는 끼를 부리는 사람을 나타내기도 함

매정하다, 야비하다
えげつない

매정한 말로 혼났습니다.
えげつない言葉で叱られました。

신경질적이다, 성미가 까다롭다
き むずか
気難しい

나의 상사는 매우 신경질적이다.
私の上司はとても気難しい。

204 이번에 제대로 맛있는 일본어 단어장

미련이 남다
未練がましい
_{み れん}

미련 남은 메일을 보내는 것은 그만 둬라.
未練がましいメールを送るのはやめなさい。
_{み れん} _{おく}

제멋대로다 ★
わがままだ

그녀는 제멋대로여서 주변으로부터 미움을 받는다.
彼女はわがままで、周りから嫌われる。
_{かのじょ} _{まわ} _{きら}

쪼잔하다
ケチだ

사장님은 부자이지만 쪼잔합니다.
社長はお金持ちですが、ケチです。
_{しゃちょう} _{かね も}

➕ ケチ 구두쇠

성질이 급하다,
성격이 불 같다
短気だ
_{たん き}

짜증을 잘 내는 성질이 급한 사람입니다.
イライラしやすい短気な人です。
_{たん き} _{ひと}

➕ 気が短い 성미가 급하다
_{みじか}

성격이 급하다
せっかちだ

성격이 급해서 바로 결과가 나오지 않으면 포기한다.
せっかちで、すぐ結果が出ないと諦める。
_{けっ か} _で _{あきら}

부정적이다
否定的だ
_{ひ ていてき}

부정적인 말은 사용하지 않는 편이 좋다.
否定的な言葉は使わない方がいい。
_{ひ ていてき} _{こと ば} _{つか} _{ほう}

냉정하다
冷静だ
_{れい せい}

위험을 앞에 두고도 냉정합니다.
危険を前にしても冷静です。
_{き けん} _{まえ} _{れいせい}

형용사

🍇 **일본어 단어, 궁금해요!**

Q 短気だ와 せっかちだ의 차이가 궁금해요.
_{たん き}

A 두 단어 모두 인내심이 부족하고, 어떤 동작을 빠르게 해결하고자 하는 성질을 나타내
요. 다만, 短気だ의 경우 화를 잘 내는 부정적인 이미지도 포함하고 있답니다.
_{たん き}

강의 보기

★은 꼭 알아야 할 일상 필수 어휘입니다.

믿음직스럽다
たの
頼もしい

이번 신입사원은 믿음직스럽다.
こん ど　しんにゅうしゃいん　たの
今度の新入社員は頼もしい。

➕ 頼む 부탁하다

조신하다, 얌전하다
つつましい

저 피아니스트는 매우 조신하다.
あのピアニストはとてもつつましい。

예의 바르다
れい ぎ　ただ
礼儀正しい

예의 바른 태도는 좋은 인상을 준다.
れい ぎ　ただ　　たい ど　　こういんしょう　　あた
礼儀正しい態度は好印象を与える。

❗ 礼儀(예의)+正しい(바르다)

매우 조심스럽다
ちゅう い ぶか
注意深い

할머니의 운전은 매우 조심스럽다.
うんてん　　ちゅう い ぶか
おばあさんの運転は注意深い。

❗ 注意(주의)+深い(깊다)

열심이다 ★
いっしょうけん めい
一生懸命だ

엄마는 열심히 채소를 기르고 있습니다.
はは　　いっしょうけんめい や さい　　そだ
母は一生懸命野菜を育てています。

➕ 頑張る 분발하다

적극적이다
せっきょくてき
積極的だ

위원회에 적극적으로 임해 주세요.
い いんかい　　せっきょくてき　　と　く
委員会に積極的に取り組んでください。

정직하다 ★
しょうじき
正直だ

정직한 사람은 신뢰를 받습니다.
しょうじき　ひと　　しんらい
正直な人は信頼されます。

➕ 潔い 결백하다, 떳떳하다

성실하다, 착실하다
まじめ
真面目だ ★

일은 못하지만 성실합니다.
しごと　　　　　　　　　　　　　　　まじめ
仕事はできませんが、真面目です。

정중하다, 공손하다
ていねい
丁寧だ ★

손님 접대가 정중한 가게입니다.
きゃくあつか　　ていねい　　みせ
客扱いが丁寧なお店です。

＋ 丁寧に ていねい 정성껏

**솔직하다, 꾸밈없다,
고분고분하다**
すなお
素直だ

자신의 실수를 솔직하게 인정했습니다.
じ ぶん　　　　　　　すなお　　みと
自分のミスを素直に認めました。

의욕적이다
い よくてき
意欲的だ

막 입사한 참이기 때문에 의욕적입니다.
にゅうしゃ　　　　　　　　　　　い よくてき
入社したばかりなので、意欲的です。

천진난만하다
む じゃ き
無邪気だ

천진난만한 모습이 매우 귀엽습니다.
む じゃ き　　すがた
無邪気な姿がとてもかわいいです。

대담하다
だい たん
大胆だ

혼자서 저 산에 오르다니 대담하네요.
ひとり　　　　　やま　　のぼ　　　　　　だいたん
一人であの山に登るなんて大胆ですね。

검소하다, 수수하다
しっ そ
質素だ

복권에 당첨되었는데도 매우 검소하네요.
たから　　　　あ　　　　　　　　　　　しっ そ
宝くじに当たったのに、とても質素ですね。

형용사

🐟 **일본어 단어, 궁금해요!**

Q 素直だ すなお 와 正直だ しょうじき 의 차이가 궁금해요.

A 素直だ すなお 는 있는 그대로의 꾸미지 않은 모습을 의미해요. 반면 正直だ しょうじき 는 올바르고 정직
한 모습을 나타내요. 해석은 비슷하지만 의미가 다르니 주의해요.

강의 보기

88 행동(부정)

Track088

★은 꼭 알아야 할 일상 필수 어휘입니다.

둔하다 ★
にぶ
鈍い

운동 선수치고는 둔하네요.
うんどうせんしゅ　　　　　　にぶ
運動選手にしては鈍いですね。

➕ 鈍感 둔감

수상하다
あや
怪しい

수상한 사람이 빌딩에 들어갔습니다.
あや　　ひと　　　　　　はい
怪しい人がビルに入りました。

➕ 怪物 괴물

수상하다
うさんくさい

그 광고는 내용이 수상하다.
こうこく　　ないよう
その広告は内容がうさんくさい。

인색하다, 쩨쩨하다
せこい

1엔도 안 내준다니 인색하네요.
いちえん　　はら
1円も払ってくれないなんて、せこいですね。

교활하다
ずるい

그는 교활한 수를 썼습니다.
かれ　　　　て　　つか
彼はずるい手を使いました。

덜렁거리다, 경솔하다, 방정맞다
そそっかしい

버스에 우산을 두고 가다니 덜렁거리네.
かさ　わす
バスに傘を忘れるとはそそっかしいね。

매정하다, 냉담하다, 쌀쌀하다
すげない

그 사람은 매정한 눈으로 나를 봤습니다.
ひと　　　　　　め　わたし　み
あの人はすげない目で私を見ました。

➕ そっけない 매정하다

208 이번에 제대로 맛있는 일본어 단어장

건방지다 ★	선배에게 인사도 안 하다니 건방지다.
生意気だ なま い き	先輩に挨拶もしないなんて生意気だ。 せんぱい あいさつ なま い き
	⊕ 無作法だ 예의에 벗어나다, 에티켓이 없다, 버릇없다 ぶ さ ほう

위험하다 ★	도로에서 노는 것은 위험합니다.
危険だ き けん	道路で遊ぶのは危険です。 どう ろ あそ き けん

엉터리다	엉터리 계획이라면 잘 되지 않는다.
でたらめだ	でたらめな計画だと、うまくいかない。 けいかく

형용사

대충이다, 엉성하다	그는 대충이고 불성실합니다.
おおざっぱだ	彼はおおざっぱで不真面目です。 かれ ふ ま じ め

소극적이다	소극적이라 사람과 이야기하는 것이 서툽니다.
消極的だ しょうきょくてき	消極的で人と話すのが苦手です。 しょうきょくてき ひと はな にが て

민폐다 ★	다른 사람을 방해하는 것은 민폐입니다.
迷惑だ めい わく	他人の邪魔をするのは、迷惑です。 た にん じゃ ま めい わく
	⊕ 迷惑をかける 민폐를 끼치다 めいわく

태평하다, 느긋하다	선배는 재능이 있어서 태평합니다.
のんきだ	先輩は才能があってのんきです。 せんぱい さいのう
	⊕ のんき 무사태평

🐌 일본어 단어, 궁금해요!

Q '수상하다'를 뜻하는 怪しい와 うさんくさい의 차이가 궁금해요.
あや

A うさんくさい는 '신용할 수 없다', '나쁜 일을 할 것 같다' 등의 부정적인 의미로 쓰일
때가 많아요. 반면 怪しい는 단순히 수상하고 미심쩍음을 나타낼 때 사용해요.
あや

강의 보기

★은 꼭 알아야 할 일상 필수 어휘입니다.

새롭다 ★
あたら
新しい

새로운 신발을 샀습니다.
あたら   くつ か
新しい靴を買いました。

➕ 新入り 신입 ➕ 新聞 신문

고상하다, 아늑하다
おく
奥ゆかしい

저 분은 항상 고상한 말투를 씁니다.
          かた   おく   い かた
あの方はいつも奥ゆかしい言い方をします。

➕ ゆかしい 그윽하다, 고상하다

**싱싱하다, 생기발랄하다,
풋풋하다**
わか わか
若々しい

풋풋한 피부를 되찾고 싶습니다.
わかわか   はだ   と   もど
若々しい肌を取り戻したいです。

➕ 若い 젊다

귀엽다 ★

かわいい

막내는 정말 귀엽습니다.
すえ こ   ほんとう
末っ子は本当にかわいいです。

아름답다 ★
うつく
美しい

아름다운 신부네요.
うつく   はなよめ
美しい花嫁さんですね。

➕ 美人 미인 ➕ 美術 미술

근사하다, 멋있다 ★

かっこいい

부 활동의 선배는 근사하다.
ぶ かつ   せんぱい
部活の先輩はかっこいい。

❗ かっこう(모습)+いい(좋다)

**예쁘다, 근사하다,
깨끗하다** ★

きれいだ

벚꽃은 예쁘네요.
さくら   はな
桜の花はきれいですね。

우아하다
優雅だ
ゆう が

발레리나의 우아한 움직임에 감동했습니다.
バレリーナの優雅な動きに感動しました。
ゆう が　　うご　　かんどう

튼튼하다
丈夫だ
じょう ぶ

이 선반은 튼튼해서 좋네요.
この棚は丈夫でいいですね。
たな　じょう ぶ

❗ 사람, 사물 모두 대상이 될 수 있음

멋있다, 멋쟁이다
おしゃれだ

이 옷 멋있죠?
この服、おしゃれでしょう。
ふく

➕ おしゃれ 멋쟁이

청결하다
清潔だ
せい けつ

저 호텔은 매우 청결합니다.
あのホテルはとても清潔です。
せいけつ

화려하다
派手だ
は で

주인공이라서 그런지 매우 화려하네요.
主人公だからか、とても派手ですね。
しゅじんこう　　　　　　　は で

고상하다, 품위가 있다
上品だ
じょうひん

행동거지가 고상하네요.
振る舞いが上品ですね。
ふ　ま　　じょうひん

➕ 品がある 품격이 있다
ひん

매력적이다
魅力的だ
み りょくてき

그녀는 보조개가 매력적입니다.
彼女はえくぼが魅力的です。
かのじょ　　　　　　み りょくてき

형용사

🍙 **일본어 단어, 궁금해요!**

Q 「々」의 역할이 궁금해요.

A 々는 踊り字 즉, 글자가 중복될 때 아래 글자를 생략하는 부호예요. 카타카나의 「ノ」와 「マ」가 합쳐
　おど　じ
진 듯 보여 「ノマ」라고 부르기도 한답니다. 人々(사람들), 少々(잠시), 色々(여러가지)와 같이 사용
　　　　　　　　　　　　　　　　　　ひとびと　　　　しょうしょう　　　いろいろ
해요.

★은 꼭 알아야 할 일상 필수 어휘입니다.

오래되다 ★
ふる
古い

오래된 의자를 버렸습니다.
ふる　いす　す
古い椅子を捨てました。

더럽다 ★
きたな
汚い

남동생은 방이 더러운데도 청소를 하지 않습니다.
おとうと　へ や　きたな　そう じ
弟は部屋が汚いのに、掃除をしません。

➕ 汚染 오염
お せん

촌스럽다
ダサい

촌스러워도 명품이라서 버릴 수가 없습니다.
ひん　す
ダサくてもブランド品なので捨てられません。

못생기다, 보기 흉하다
みにく
醜い

세계에서 가장 못생긴 동물은 무엇이라고 생각합니까?
せ かい　もっと　みにく　どうぶつ　なん　おも
世界で最も醜い動物は何だと思いますか。

꼴사납다
みっともない

사람들 앞에서 고함치다니 꼴사납다.
ひとまえ　ど な
人前で怒鳴るとはみっともない。

**단정하지 못하다,
칠칠치 못하다**
だらしない

그는 복장이 단정하지 못하다.
かれ　ふくそう
彼は服装がだらしない。

초라하다
みすぼらしい

초라한 작은 집에 살고 있다.
ちい　いえ　す
みすぼらしい小さな家に住んでいる。

빈약하다
貧弱だ
<ruby>貧弱<rt>ひんじゃく</rt></ruby>

저 책은 내용이 빈약합니다.
あの本は内容が貧弱です。

진부하다, 평범하다
ありきたりだ

진부한 아이디어는 필요 없습니다.
ありきたりなアイデアは要りません。

허술하다, 변변치 않다
粗末だ
<ruby>粗末<rt>そまつ</rt></ruby>

그는 허술한 도구밖에 갖고 있지 않습니다.
彼は粗末な道具しか持っていません。

부자연스럽다
不自然だ
<ruby>不自然<rt>ふしぜん</rt></ruby>

눈썹 색이 머리 색과 맞지 않으면 부자연스럽습니다.
眉の色が髪色と合っていないと不自然です。

수수하다, 밋밋하다
地味だ
<ruby>地味<rt>じみ</rt></ruby>

그는 어둡고 수수한 사람이었습니다.
彼は暗くて地味な人でした。

천박하다, 상스럽다
下品だ
<ruby>下品<rt>げひん</rt></ruby>

천박한 말투를 쓰는 사람이 싫습니다.
下品な言葉遣いをする人が嫌いです。

❗ 下의 읽는 방법에 주의

못생기다
ブサイクだ

못생겨도 상냥한 사람이 좋습니다.
ブサイクだけど優しい人が好きです。

❗ 본래 공예품의 모양이 제대로 갖춰져 있지 않음을 의미

형용사

🐷 일본어 단어, 궁금해요!

Q '못생기다'를 뜻하는 醜い와 ブサイクだ의 차이가 궁금해요.

A ブサイクだ는 단순히 외모, 외관에 대해서만 비판하거나 비하하는 것이지만, 醜い는
외모, 외관뿐만 아니라 행동 등이 보기 흉할 때도 사용해요.

강의 보기

💬 회화 Talk!

Track133

저 사람, 입이 무거워서 뭐든지 안심하고 말할 수 있어.
あの人、口が堅いから、何でも安心して話せるよ。

역시 신뢰할 수 있는 사람이 제일이지.
やっぱり信頼できる人が一番だよね。

응, 믿음직스럽고, 의지하고 있어.
うん、頼もしいし、頼りにしてる。

그런 사람이 있으면 마음이 든든하지.
そういう人がいると心強いよね。

New 단어 口が堅い 입이 무겁다 安心する 안심하다 やっぱり 역시 一番 제일, 가장 頼りにする 의지하다

Track134

오늘 프레젠테이션, 오래된 정보를 너무 많이 사용했을지도.
今日のプレゼン、古い情報を使いすぎたかも。

그래도 내용은 제대로 전달되었으니까 괜찮아.
でも内容はちゃんと伝わったから大丈夫だよ。

그런가? 좀 부족한 느낌이 들어서 말이야.
そうかな。ちょっと足りない気がしてさ。

그럼, 좀 더 간단하게 정리해 보면 어떨까?
じゃあ、もう少しシンプルにまとめてみたらどうかな。

New 단어 今日 오늘 プレゼン 프레젠테이션 使う 사용하다 でも 그래도 内容 내용 ちゃんと 제대로
足りない 부족하다 気がする 느낌이 들다 もう少し 좀 더 まとめる 정리하다

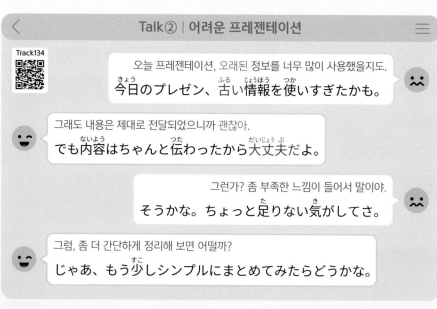

Track135

저 여배우, 정말 고상하고 아름다워.
あの女優、本当に奥ゆかしくて美しいよね。

응, 저렇게 품격이 있다니 부럽다.
うん、あんなに品があって、羨ましいよ。

그녀의 연기도 훌륭하고, 보고 있으면 마음이 치유돼.
彼女の演技も素晴らしいし、見ていると心が癒される。

그야말로 이상적인 여성이야.
まさに理想の女性だね。

New 단어 本当に 정말 素晴らしい 훌륭하다 心 마음 まさに 그야말로 理想 이상 女性 여성

Track136

남자 친구랑 헤어졌는데, 끈질기게 연락이 와.
彼氏と別れたんだけど、しつこく連絡が来てる。

정말 헤어진 거야? 성실해 보였는데.
本当に別れたの？真面目そうだったけど。

응, 쪼잔하고 성질 급하고, 더 이상 참을 수 없어서.
うん、ケチだし、短気だし、もう耐えられなくて。

힘들었겠네. 역시 사람은 겉모습만으로는 알 수 없지.
大変だったね。やっぱり、人は外見だけじゃ分からないよね。

New 단어 もう 더 이상 耐える 참다, 견디다 大変だ 힘들다 外見 겉모습

★은 꼭 알아야 할 일상 필수 어휘입니다.

훌륭하다, 대단하다 ★
素晴(すば)らしい

그의 연주는 훌륭했습니다.
彼(かれ)の演奏(えんそう)は素晴(すば)らしかったです。

솜씨가 좋다 ★
上手(うま)い

아빠는 운전 솜씨가 좋습니다.
父(ちち)は運転(うんてん)が上手(うま)いです。

➕ うまくいく (일이) 잘 되다
❗ '맛있다'라는 의미로도 사용

훌륭하다 ★
偉(えら)い

드라마로 영어를 공부하고 있다니 훌륭하네.
ドラマで英語(えいご)を学(まな)んでいるなんて偉(えら)いね。

➕ 偉(えら)そうな 잘난체하는 ➕ 偉(えら)そうに 잘난 듯이

쉽다 ★
易(やさ)しい

쉬운 문제여서 다 풀 수 있었습니다.
易(やさ)しい問題(もんだい)だったのですべて解(と)けました。

❗ 優(やさ)しい(상냥하다)와 동음이의어이므로 헷갈리지 말 것

영리하다, 현명하다 ★
賢(かしこ)い

보더콜리는 개 중에서 가장 영리하다고 합니다.
ボーダーコリーは犬(いぬ)の中(なか)で一番(いちばん)賢(かしこ)いそうです。

고귀하다, 소중하다
尊(とうと)い

사고로 고귀한 목숨을 잃었습니다.
事故(じこ)で尊(とうと)い命(いのち)が失(うしな)われました。

❗ 자신이 좋아하는 대상에 대한 수식어로 사용하기도 함

대박이다
えぐい

어제 시합은 대박이었다.
昨日(きのう)の試合(しあい)はえぐかった。

❗ 속어이므로 정중한 자리에서 사용하는 것은 좋지 않음

유명하다 ★	저 작가는 의사로서도 유명합니다.
ゆうめい 有名だ	あの作家は医者としても有名です。 さっか　　　いしゃ　　　　　　　　ゆうめい

편리하다 ★	일본은 교통이 편리합니다.
べん り 便利だ	日本は交通が便利です。 に ほん　　こうつう　　べん り

훌륭하다, 볼만하다	이 작품은 정말로 훌륭합니다.
み ごと 見事だ	この作品は実に見事です。 さくひん　　じつ　　　み ごと

근사하다, 멋지다	이사장의 집은 매우 근사했습니다.
す てき 素敵だ	理事長の家はとても素敵でした。 り じ ちょう　いえ　　　　　　す てき

잘하다, 솜씨가 좋다 ★	엄마는 계란 요리를 잘합니다.
じょう ず 上手だ	母は卵料理が上手です。 はは　　たまごりょう り　　じょう ず

❶ '~을/를 잘하다'는「～を上手だ」가 아닌「～が上手だ」

잘하다, 자신이 있다 ★	저는 그림 그리는 것을 잘합니다.
とく い 得意だ	私は絵を描くのが得意です。 わたし　え　か　　　　　　　とく い

❶ '~을/를 잘하다'는「～を得意だ」가 아닌「～が得意だ」

훌륭하다	그의 연기는 훌륭했습니다.
りっ ぱ 立派だ	彼の演技は立派でした。 かれ　えん ぎ　　りっ ぱ

🫧 일본어 단어, 궁금해요!

Q '잘하다'를 뜻하는 上手だ와 得意だ의 차이가 궁금해요.

A 上手だ는 '나', '가족'에 대해서는 사용하지 않고 타인을 칭찬할 때 사용해요. 반면 得意
だ는 모든 대상에 사용할 수 있으며 어떤 기술이 뛰어나고, 더불어 자신이 있음을 나타
내요.

강의 보기

92 평가(부정)

Track092

★은 꼭 알아야 할 일상 필수 어휘입니다.

나쁘다, 안 좋다 ★
悪い
わる

가격에 비해 질이 나쁘다.
値段の割に質が悪い。
ねだん わり しつ わる

➕ 悪化 악화
あっか

부족하다 ★
足りない
た

학점이 부족해서 졸업할 수 없습니다.
単位が足りなくて、卒業ができません。
たんい た そつぎょう

➕ 足りる 충분하다, 족하다
た

하찮다, 시시하다
くだらない

하찮은 이야기라고 생각하지만 들어 주세요.
くだらない話だと思いますが聞いてください。
はなし おも き

어렵다 ★
難しい
むずか

이번 테스트는 어려웠습니다.
今回のテストは難しかったです。
こんかい むずか

아깝다, 아쉽다 ★
惜しい
お

조금만 더하면 100점이었는데 아깝네요.
あと少しで100点だったのに惜しいですね。
すこ ひゃくてん お

아깝다, 과분하다 ★
もったいない

취소하면 수수료가 아깝다.
キャンセルしたら、手数料がもったいない。
て すうりょう

서툴다, 어리석다
つたない

서투른 설명이라서 죄송합니다.
つたない説明ですみません。
せつめい

❗ '운이 없다'라는 의미로도 사용

터무니없다
とてつもない

터무니없는 실수를 해 버렸습니다.

とてつもない間違いをしてしまいました。

힘들다 ★
大変だ

리포트를 하루 만에 끝내는 것은 힘듭니다.

レポートを一日で終わらせるのは大変です。

못하다, 서툴다 ★
下手だ

못을 박는 것이 서툽니다.

くぎを打つのが下手です。

❗ '~을/를 못하다'는 「～を下手だ」가 아닌 「～が下手だ」

서툴다, 못하다, 꺼리다 ★
苦手だ

저는 스포츠가 서툽니다.

私はスポーツが苦手です。

❗ '~을/를 못하다'는 「～を苦手だ」가 아닌 「～が苦手だ」

쓸데없다, 소용없다, 낭비다
無駄だ

그와 사귀는 것은 시간 낭비라고 생각합니다.

彼と付き合うのは時間の無駄だと思います。

불편하다 ★
不便だ

스마트폰이 없으면 불편합니다.

スマホがないと不便です。

이상하다 ★
変だ

부장님 아침부터 이상하네요.

部長、朝から変ですね。

➕ 変わっている 별나다

형용사

🐌 **일본어 단어, 궁금해요!**

Q '아깝다'를 뜻하는 惜しい와 もったいない의 차이가 궁금해요.

A 惜しい는 목표에 아쉽게 도달하지 못한 경우에 사용해요. 반면 もったいない는 낭비하는 것에 대한 아까움을 의미해요.

강의 보기

★은 꼭 알아야 할 일상 필수 어휘입니다.

손쉽다
たやすい

프로인 그에게 그건 손쉬운 일이다.
玄人である彼にとってそれはたやすいことだ。

⚠ '경솔하다'라는 의미도 있으므로 사용에 주의

한가하다 ★
暇だ

내일 오후라면 한가합니다.
明日の午後なら暇です。

➕ 休暇 휴가

떠들썩하다, 번화하다 ★
賑やかだ

마을은 축제로 떠들썩합니다.
町はお祭りで賑やかです。

평화롭다
平和だ

우리나라는 안전하고 평화롭다고 생각합니다.
私の国は安全で平和だと思います。

충분하다, 넉넉하다 ★
十分だ

재해에 대한 대비는 충분합니까?
災害への備えは十分ですか。

기운차다, 활기차다,
안녕하다 ★
元気だ

몸도 마음도 안녕합니다.
心も体も元気です。

조용하다 ★
静かだ

교실은 조용하고 아무도 없는 것 같습니다.
教室は静かで、誰もいないようです。

화목하다, 온화하다
和やかだ
なご

화목한 분위기 속에서 이야기를 나누었습니다.
和やかな雰囲気の中で話し合いました。
なご　　　　ふん い き　なか　はな　あ

신선하다 ★
新鮮だ
しんせん

시골 공기는 신선합니다.
田舎の空気は新鮮です。
いなか　くう き　しんせん

충분하다, 만족스럽다
結構だ
けっこう

차는 이제 충분합니다.
お茶はもう結構です。
ちゃ　　　　けっこう

❗ 거절의 의미로도 쓰임

적당하다, 알맞다
適当だ
てきとう

정답으로 알맞은 것을 고르세요.
答えとして適当なものを選びなさい。
こた　　　　　てきとう　　　　えら

❗ '대충하다'라는 전혀 반대되는 뉘앙스의 뜻도 있으니 주의

양호하다
良好だ
りょうこう

검사 결과는 양호합니다.
検査の結果は良好です。
けん さ　けっ か　りょうこう

열심이다 ★
熱心だ
ねっしん

신입사원은 열심히 설명을 듣고 있습니다.
新入社員は熱心に説明を聞いています。
しんにゅうしゃいん　ねっしん　せつめい　き

자유롭다 ★
自由だ
じ ゆう

상상하는 것은 자유롭습니다.
想像するのは自由です。
そうぞう　　　　　じ ゆう

🐷 **일본어 단어, 궁금해요!**

Q 元気だ를 '건강하다'라는 의미로도 쓸 수 있는지 궁금해요.
げん き

A 元気だ는 신체의 건강함을 의미하는 것이 아니에요. 에너지가 넘치고 활기찬 상태를 나타내는 것이
げん き
므로, 병이 있는 사람일지라도 활기찬 상태라면 충분히 사용할 수 있는 표현이에요.

★은 꼭 알아야 할 일상 필수 어휘입니다.

바쁘다 ★

忙しい
いそが

상사는 항상 바쁘다.

上司はいつも忙しい。
じょう し　　　　いそが

➕ お忙しいところ 바쁘신 와중
いそが

**시시하다, 하찮다,
재미가 없다** ★

つまらない

저 영화는 매우 시시했다.

あの映画はとてもつまらなかった。
えい が

❗ 구어체로 つまんない라고도 함

심하다

酷い
ひど

어제부터 심한 두통이 있습니다.

昨日から酷い頭痛がします。
きのう　　　ひど　ず つう

**(정도가) 심하다,
(기세가) 강하다**

激しい
はげ

겨울과 봄의 기온차가 심하다.

冬と春の気温差が激しい。
ふゆ　はる　き おんさ　はげ

❗ 激+명사 ~의 정도가 심함을 나타냄
げき

위험하다 ★

危ない
あぶ

병으로 위험한 상태입니다.

病気で危ない状態です。
びょう き　あぶ　じょうたい

❗ 주로 아슬아슬한 상태를 나타낼 때 사용

부족하다, 모자라다

乏しい
とぼ

증거가 부족하기 때문에 신용할 수 없습니다.

証拠が乏しいので、信用できません。
しょう こ　とぼ　　　　しんよう

분주하다, 어수선하다

慌ただしい
あわ

이사로 분주한 하루였습니다.

引っ越しで、慌ただしい一日でした。
ひ こ　　　　あわ　　　　いちにち

시끄럽다 ☆	이웃이 너무 시끄럽다.
うるさい	隣人（りんじん）があまりにもうるさい。

❗ '까다롭다'라는 의미로도 사용

이상하다	자동차 엔진 소리가 이상하다.
おかしい	車（くるま）のエンジンの音（おと）がおかしい。

험하다, 위태롭다	험한 산길이니 조심하세요.
険（けわ）しい	険（けわ）しい山道（やまみち）なので、気（き）をつけてください。

복잡하다 ☆	그 지도는 복잡합니다.
複雑（ふくざつ）だ	その地図（ちず）は複雑（ふくざつ）です。

신기하다, 이상하다	자연이란 신기하네요.
不思議（ふしぎ）だ	自然（しぜん）って不思議（ふしぎ）ですね。

❗ '예상할 수 없다'라는 의미로도 사용

불안하다 ☆	잘 할 수 있을지 불안합니다.
不安（ふあん）だ	上手（うま）くできるか不安（ふあん）です。

안 된다, 틀려먹다, 소용없다	유통기한이 지나서 안 됩니다.
ダメだ	賞味期限（しょうみきげん）が切（き）れているからダメです。

🐷 **일본어 단어, 궁금해요!**

Q '이상하다'를 뜻하는 おかしい와 不思議（ふしぎ）だ의 차이가 궁금해요.

A おかしい는 이성적으로 판단했을 때 납득할 수 없는 상황에 주로 사용해요. 반면 不思議（ふし ぎ）だ는 원인이나 이유가 파악되지 않아 이해하기 어려운 경우에 사용해요.

강의 보기

Track095

★은 꼭 알아야 할 일상 필수 어휘입니다.

덥다 ★
暑い (あつい)

동남아시아는 일 년 내내 덥다고 합니다.
東南アジアは一年中暑いそうです。
(とうなん / いちねんじゅうあつ)

➕ 猛暑 (もうしょ) 심한 더위

무덥다
蒸し暑い (むしあつい)

올해 여름도 무더운 날이 계속됩니다.
今年の夏も蒸し暑い日が続きます。
(ことし / なつ / む / あつ / ひ / つづ)

❗ 蒸す(むす)(찌다)+暑い(あつ)(덥다)

따뜻하다 ★
暖かい (あたたかい)

따뜻한 바람이 불어옵니다.
暖かい風が吹いてきます。
(あたた / かぜ / ふ)

❗ 회화에서는 あったかい라고 발음하는 경우가 많음

춥다 ★
寒い (さむい)

추우니까 감기에 걸리지 않도록!
寒いので、風邪をひかないように！
(さむ / かぜ)

시원하다 ★
涼しい (すずしい)

나무 아래는 시원하네요.
木の下は涼しいですね。
(き / した / すず)

상쾌하다
爽やかだ (さわやかだ)

아침 공기는 상쾌합니다.
朝の空気は爽やかです。
(あさ / くうき / さわ)

쌀쌀하다
肌寒い (はださむい)

꽃놀이의 계절은 아직 쌀쌀하다.
花見の季節はまだ肌寒い。
(はなみ / きせつ / はださむ)

❗ 肌(はだ)(피부)+寒い(さむ)(춥다)

온화하다
穏やかだ
おだ

온화한 날씨라 지내기 좋은 계절이 되었다.
穏やかな天気で過ごしやすい季節になった。
おだ　　　　てん き　　す　　　　　　　　　　き せつ

화창하다
うららかだ

화창한 봄이 되었습니다.
うららかな春になりました。
はる

상쾌하다, 청량하다
すがすがしい

습기가 적은 상쾌한 날입니다.
湿気が少ないすがすがしい日です。
しっ け　　すく　　　　　　　　　　　　ひ

눅눅하다, 축축하다
湿っぽい
しめ

일본의 여름은 매우 눅눅하다.
日本の夏はとても湿っぽい。
に ほん　　なつ　　　　　　しめ

➕ 湿度 습도 ➕ 湿気 습기
しつ ど　　　　　　しつ け

차갑다 ★
冷たい
つめ

창문을 여는 순간 찬 공기가 들어왔다.
窓を開けた瞬間、冷たい空気が入ってきた。
まど　あ　　　しゅんかん　つめ　　　くう き　　はい

➕ 冷蔵庫 냉장고
れいぞう こ

뜨겁다 ★
熱い
あつ

뜨거운 욕조에 들어가고 싶습니다.
熱いお風呂に入りたいです。
あつ　　　ふ ろ　　はい

따뜻하다 ★
温かい
あたた

따뜻한 우유를 마시는 게 어때요?
温かい牛乳を飲んだらどうですか。
あたた　ぎゅうにゅう　の

➕ 温度 온도 ➕ 温い 미지근하다
おん ど　　　　　　ぬる

🫑 **일본어 단어, 궁금해요!**

Q '상쾌하다'를 뜻하는 爽やかだ와 すがすがしい의 차이가 궁금해요.
　　　　　　　　　　　さわ

A 爽やかだ는 주로 가을 날씨를 표현할 때, すがすがしい는 주로 초여름의 날씨를 표현
　さわ
　할 때 사용해요. 하지만 일상생활에서는 크게 구분하지 않으며 爽やかだ를 더 많이 사
　　　　　　　　　　　　　　　　　　　　　　　　　　　　さわ
　용해요.

강의 보기

★은 꼭 알아야 할 일상 필수 어휘입니다.

졸리다 ★
眠い

아직 20시인데도 졸리다.
まだ20時なのに、眠い。

➕ 眠る 잠자다

나른하다, 지루하다
だるい

나른하니까 아무것도 하고 싶지 않다.
だるいから何もしたくない。

숨막히다
息苦しい

더위 때문에 숨막힙니다.
暑さで息苦しいです。

아프다 ★
痛い

어제부터 충치가 아프다.
昨日から虫歯が痛い。

➕ 痛み 아픔, 슬픔

간지럽다, 낯간지럽다
くすぐったい

간지러우니까 그만해.
くすぐったいからやめなよ。

가렵다 ★
かゆい

모기에 물려서 가렵다.
蚊に刺されてかゆい。

눈부시다
まぶしい

햇살이 눈부시다.
日差しがまぶしい。

❗ 추상적인 의미(눈부신 성장 등)로도 사용

향기롭다
芳<ruby>かんば<rt></rt></ruby>しい

국화는 모습도 아름답고 향기로운 향이 납니다.

菊は見た目も美しく芳しい香りがします。

냄새가 고약하다
臭<ruby>くさ<rt></rt></ruby>い

화장실은 청소해도 냄새가 고약하다.

トイレは掃除しても臭い。

➕ 臭<ruby>にお<rt></rt></ruby>い 악취

부드럽다 ★
柔<ruby>やわ<rt></rt></ruby>らかい

이 타올 부드럽네요.

このタオル柔らかいですね。

딱딱하다, 단단하다 ★
固<ruby>かた<rt></rt></ruby>い

딱딱한 것을 씹을 수가 없습니다.

固いものが噛めません。

꽉 끼다 ★
きつい

그 치마는 조금 꽉 낀다.

そのスカートは少しきつい。

❗ 일정이 빠듯하거나 정도가 지나침을 나타내기도 함

헐렁하다, 느슨하다
緩<ruby>ゆる<rt></rt></ruby>い

L사이즈의 셔츠는 헐렁하다.

Lサイズのシャツは緩い。

매끈하다
滑<ruby>なめ<rt></rt></ruby>らかだ

매끈한 아름다운 피부가 되고 싶습니다.

滑らかな美肌になりたいです。

➕ すべすべ 매끈매끈

🐷 **일본어 단어, 궁금해요!**

Q くすぐったい와 かゆい의 차이가 궁금해요.

A くすぐったい는 간지럽힘을 당하는 등 주로 의도적인 자극에 의한 간지러움을 나타낼 때 사용해요. 반면 かゆい는 모기에 물렸거나 병에 의한 통증인 경우에 사용해요.

강의 보기

⓽⑦ 맛/향

Track097

★은 꼭 알아야 할 일상 필수 어휘입니다.

맛있다 ★
おいしい

오코노미야키는 맛있어서 매일 먹을 수 있습니다.
お好み焼きはおいしくて毎日食べられます。

➕ まずい 맛없다

달다 ★
甘い

이 아이스크림은 달다.
このアイスクリームは甘い。

➕ 甘み 단맛 ➕ 甘口 단맛이 돎

쓰다 ★
苦い

그 커피는 나에게는 쓰다.
そのコーヒーは私には苦い。

➕ 苦み 쓴맛 ➕ 苦労 고생

맵다 ★
辛い

매운 것을 먹으면 땀이 납니다.
辛い物を食べると汗が出ます。

➕ 辛口 (술 따위의 맛이) 달지 않고 쌉쌀함

시다
酸っぱい

이 포도는 조금 시다.
このぶどうは少し酸っぱい。

➕ 酢 식초

짜다
塩辛い

짠 음식의 양을 줄이고 있습니다.
塩辛い食べ物の量を減らしています。

❗ 塩(소금)+辛い(맵다) ➕ しょっぱい 짜다

연하다 ★
薄い

건강을 위해 맛이 연한 것을 먹어 주세요.
健康のために味が薄い物を食べてください。

➕ 薄め (빛깔, 맛 등) 연함

---

228 이번에 제대로 맛있는 일본어 단어장

진하다 ★	진한 커피를 좋아해서 설탕은 넣지 않습니다.
濃<ruby>こ</ruby>い	濃<ruby>こ</ruby>いコーヒーが好<ruby>す</ruby>きで、砂糖<ruby>さとう</ruby>は入<ruby>い</ruby>れません。

➕ 濃<ruby>こ</ruby>いめ 약간 진함

새콤달콤하다	귤의 새콤달콤한 향기를 너무 좋아합니다.
甘酸<ruby>あまず</ruby>っぱい	みかんの甘酸<ruby>あまず</ruby>っぱい香<ruby>かお</ruby>りが大好<ruby>だいす</ruby>きです。

기름지다, 느끼하다	가끔은 기름진 음식을 먹고 싶어 집니다.
油<ruby>あぶら</ruby>っこい	たまには油<ruby>あぶら</ruby>っこい食<ruby>た</ruby>べ物<ruby>もの</ruby>が食<ruby>た</ruby>べたくなります。

❗ 油<ruby>あぶら</ruby>(기름)+濃<ruby>こ</ruby>い(진하다)

밍밍하다	이 차는 밍밍해서 마실 수 없습니다.
水<ruby>みず</ruby>っぽい	このお茶<ruby>ちゃ</ruby>は水<ruby>みず</ruby>っぽくて飲<ruby>の</ruby>めません。

➕ 水<ruby>みず</ruby> 물 ❗ 명사/동사 ます영+っぽい ~의 경향/성질이 있다

비리다	이 생선은 비리다.
生臭<ruby>なまぐさ</ruby>い	この魚<ruby>さかな</ruby>は生臭<ruby>なまぐさ</ruby>い。

❗ 生<ruby>なま</ruby>(날 것)+臭<ruby>くさ</ruby>い(냄새가 나다)

고소하다, 구수하다	식빵의 고소한 냄새가 참을 수 없습니다.
香<ruby>こう</ruby>ばしい	食<ruby>しょく</ruby>パンの香<ruby>こう</ruby>ばしい匂<ruby>にお</ruby>いがたまりません。

떫다	이 감은 떫어서 먹을 수가 없습니다.
渋<ruby>しぶ</ruby>い	この柿<ruby>かき</ruby>は渋<ruby>しぶ</ruby>くて食<ruby>た</ruby>べられません。

❗ 맛뿐만 아니라 표정, 감정 등에도 사용

형용사

일본어 단어, 궁금해요!

Q '짜다'를 뜻하는 塩辛<ruby>しおから</ruby>い와 しょっぱい의 차이가 궁금해요.

A しょっぱい는 塩辛<ruby>しおから</ruby>い의 동일본 방언이에요. 지금은 전국에서 사용되고 있어요.

강의 보기

★은 꼭 알아야 할 일상 필수 어휘입니다.

같다
おな
同じだ

친구가 좋아하는 사람과 내가 좋아하는 사람이 같았습니다.
ともだち　す　ひと　わたし　す　ひと　おな
友達が好きな人と私が好きな人が同じでした。

➕ おな　どし
同い年 동갑

같다, 동등하다
ひと
等しい

양쪽의 길이가 같습니다.
りょうほう　なが　ひと
両方の長さが等しいです。

애매하다
あいまいだ

부하 직원의 설명은 애매했습니다.
ぶ　か　せつめい
部下の説明はあいまいでした。

아쉽다, 부족하다
もの　た
物足りない

보고서는 다소 아쉬운 점이 있습니다.
ほうこくしょ　た　しょうものた
報告書は多少物足りないところがあります。

❗ もの　た
物(물건)+足りない(부족하다)

분명하다
あき
明らかだ

그녀가 실수를 한 것은 분명합니다.
かのじょ　あき
彼女がミスをしたのは明らかです。

➕ あき
明らかになる 밝혀지다, 분명해지다

현저하다, 두드러지다
いちじる
著しい

AI기술의 진보가 현저합니다.
えーあい ぎ じゅつ　しん ぽ　いちじる
ＡＩ技術の進歩が著しいです。

압도적이다
あっ とう てき
圧倒的だ

압도적인 지지를 얻고 있습니다.
あっとうてき　し じ　え
圧倒的な支持を得ています。

당연하다
当たり前だ ★
땡땡이쳤으니 혼나는 것도 당연하다.

サボったから怒られるのも当たり前だ。

➕ 当然だ 당연하다

확실하다, 틀림없다
確かだ ★
그녀가 성공할 것은 확실합니다.

彼女が成功することは確かです。

➕ 確実だ 확실하다

일반적이다
一般的だ
이것은 일반적인 사내 규칙입니다.

これは一般的な社内ルールです。

명확하지 않다
不明だ
화재의 원인은 명확하지 않습니다.

火災の原因は不明です。

의외다
意外だ ★
여기서 학생을 만나다니 전혀 의외네요.

ここで学生に会うとは、全く意外ですね。

➕ 意味 의미 ➕ 意志 의지

드물다
まれだ
피카소와 같은 화가는 드뭅니다.

ピカソのような画家はまれです。

어중간하다
中途半端だ
어중간하게 끝내고 싶지 않습니다.

中途半端に終わらせたくないです。

❗ 어중간한 상태, 태도 모두 사용할 수 있음

🐌 **일본어 단어, 궁금해요!**

Q '같다'를 뜻하는 同じだ와 等しい의 차이가 궁금해요.

A 同じだ는 두 개 이상의 대상이 동일하거나 거의 차이가 없는 경우에 사용해요. 반면 等しい는 同じだ에 비해 거의 완전히 같음을 나타내는데, 주로 수학에서 사용하는 용어예요.

강의 보기

99 관계

Track099

★은 꼭 알아야 할 일상 필수 어휘입니다.

사이좋다 ★
なか
仲(が)いい

그는 사이좋은 친구가 없습니다.
かれ　なか　　　ともだち
彼は仲いい友達がいません。

➕ なか 仲 사이, 관계

둘도 없다, 매우 소중하다
か　が
掛け替えのない

딸은 나에게 있어서 둘도 없는 존재입니다.
むすめ　わたし　　　　　か　が　　　　　そんざい
娘は、私にとって掛け替えのない存在です。

➕ か　が 掛け替え 대체하는 것, 여벌

자랑스럽다
ほこ
誇らしい

1등을 차지한 것이 자랑스럽다고 느꼈다.
と　　　　　　ほこ　　　　かん
トップを取ったことに誇らしいと感じた。

➕ ほこ 誇り 자랑

편하다 ★
らく
楽だ

함께 있으면 편한 친구입니다.
いっしょ　　　らく　ともだち
一緒にいると楽な友達です。

친하다 ★
した
親しい

친한 사람을 잃는 것은 슬픈 법입니다.
した　ひと　うしな　　　　　　かな
親しい人を失うことは、悲しいものです。

➕ した 親しむ 친하게 지내다

허물없다
な　な
馴れ馴れしい

허물없는 태도는 직장에서는 바람직하지 않다.
な　な　　　たいど　しょくば　この
馴れ馴れしい態度は職場では好ましくない。

➕ な 馴れる 익숙해지다

어색하다, 껄끄럽다
き
気まずい

전 여친과 우연히 만났을 때 너무 어색했다.
もと　　　ぐうぜんあ　　とき　　　　　き
元カノと偶然会った時、とても気まずかった。

232 이번에 제대로 맛있는 일본어 단어장

어색하다	10년 이상 만나지 않았기 때문에 어색합니다.
ぎこちない	10年以上会ってなかったのでぎこちないです。

소원하다	두 사람의 사이는 소원해졌습니다.
疎（うと）い	2人の仲（なか）は疎（うと）くなりました。

쌀쌀맞다, 서먹서먹하다, 데면데면하다	신입생은 쌀쌀맞은 태도를 취했습니다.
よそよそしい	新入生（しんにゅうせい）はよそよそしい態度（たいど）をとりました。

➕ よそ 자신과 관계없는 사람, 장소, 물건

귀찮다	사람 사귀는 게 귀찮다.
面倒（めんどう）くさい	人付（ひとづ）き合（あ）いが面倒（めんどう）くさい。

➕ 面倒（めんどう） 번거로움

뒤얽혀 복잡하다	동료와의 인간관계는 뒤얽혀 복잡하다.
煩（わずら）わしい	同僚（どうりょう）との人間関係（にんげんかんけい）は煩（わずら）わしい。

소중하다 ★	가족이 가장 소중합니다.
大切（たいせつ）だ	家族（かぞく）が一番（いちばん）大切（たいせつ）です。

➕ 大事（だいじ）だ 소중하다 ➕ 重要（じゅうよう）だ 중요하다

밀접하다	두 사람은 밀접한 관계가 있습니다.
密接（みっせつ）だ	2人（ふたり）には密接（みっせつ）なつながりがあります。

형용사

🍇 일본어 단어, 궁금해요!

Q 大切（たいせつ）だ, 重要（じゅうよう）だ, 大事（だいじ）だ의 정확한 구분이 궁금해요.

A 大切（たいせつ）だ는 주관적인 관점에서 소중하고 꼭 필요한 대상을 나타내요. 重要（じゅうよう）だ는 객관적으로 중대한 사항을 나타내요. 大事（だいじ）だ는 주관적인 관점에서 필요하다는 점이 大切（たいせつ）だ와 같지만 大切（たいせつ）だ에 비해 정신적인 의존도가 낮아요.

강의 보기

★은 꼭 알아야 할 일상 필수 어휘입니다.

알록달록하다 **カラフルだ**	매우 알록달록한 커튼이네요. とてもカラフルなカーテンですね。

새빨갛다 ★ **真っ赤だ**	새빨간 립스틱이 어울리네요. 真っ赤なリップが似合いますね。 ➕ 赤 빨강

새파랗다 **真っ青だ**	새파란 하늘을 올려다보다. 真っ青な空を見上げる。 ➕ 青 파랑

푸르스름하다 **青っぽい**	저기에 푸르스름한 별이 있습니다. あそこに青っぽい星があります。

노랗다 ★ **黄色い**	딸에게 노란색 우산을 사주었습니다. 娘に黄色い傘を買ってあげました。

새하얗다 ★ **真っ白だ**	새하얀 캔버스에 그림을 그립니다. 真っ白なキャンバスに絵を描きます。 ➕ 白 하양

새까맣다 ★ **真っ黒だ**	까마귀는 새까맣습니다. カラスは真っ黒です。 ➕ 黒 검정

연하다, 희미하다
淡い
あわ

연한 파란색 옷을 입고 있습니다.

淡いブルーの服を着ています。

동그랗다 ★
丸い
まる

지구는 정말 동그랗습니까?

地球は本当に丸いですか。

➕ 丸ごと 통째로

네모나다
四角い
し かく

네모난 상자에 선물을 넣습니다.

四角い箱にプレゼントを入れます。

➕ 三角 삼각
さんかく

뾰족하다
鋭い
するど

그 뾰족한 칼을 조심해 주세요.

その鋭いナイフに気をつけてください。

꼬깃꼬깃하다, 쪼글쪼글하다
しわくちゃだ

꼬깃꼬깃한 담요를 폅니다.

しわくちゃなブランケットをのばします。

길쭉하다
細長い
ほそ なが

길쭉한 테이블을 샀습니다.

細長いテーブルを買いました。

❗ 細い(가늘다)+長い(길다)
ほそ なが

넓적하다
平たい
ひら

그는 넓적한 돌 위에 서 있다.

彼は平たい石の上に立っている。
かれ ひら いし うえ た

형용사

🗨️ **일본어 단어, 궁금해요!**

Q 真っ赤だ, 真っ青だ에 붙는 「真っ」의 역할이 궁금해요.
　ま か　　　ま さお　　　　　　　ま

A 真っ은 명사, 형용사 앞에 붙어 특징이나 성질을 강조해요. 真っ先(맨 앞, 맨 먼저), 真っすぐ(쭉 곧
　ま　　　　　　　　　　　　　　　　　　　　　　　　　　　ま さき　　　　　　　　　　ま
　음), 真っ暗(아주 캄캄함)와 같이 사용해요.
　　　ま くら

회화 Talk!

Talk① | 무더위에도 축제는 즐거워

Track137

> 축제 날은 항상 분주하네.
> 祭りの日はいつも慌ただしいね。

> 그치, 그런데 그 분주함이 축제의 즐거움이기도 하지.
> そうだね、でも、その慌ただしさが祭りの楽しさでもあるよね。

> 맞아 맞아, 게다가 무더운데도 모두 웃는 얼굴이야.
> そうそう、しかも蒸し暑いのにみんな笑顔だわ。

> 응, 더위에도 지지 않고 분위기가 고조되고 있어.
> うん、暑さにも負けずに盛り上がっているよ。

New 단어 いつも 항상   でも 그런데   しかも 게다가   笑顔 웃는 얼굴   盛り上がる 분위기가 고조되다

Talk② | 옷에 몸 맞추기

Track138

> 그 옷, 알록달록하네! 굉장히 눈길을 끌어.
> その服、カラフルだね！すごく目を引くよ。

> 그런데 조금 꽉 끼는 느낌이 들어서 움직이기 힘들어.
> でも、少しきつい感じがして、動きづらいんだよね。

> 그렇구나. 그래도 정말 잘 어울려!
> そうなんだ。でも、とても似合ってるよ！

> 좋아! 그럼 오늘부터 다이어트 시작!
> よし！じゃ、今日からダイエット開始！

New 단어 すごく 굉장히   目を引く 눈길을 끌다   感じがする 느낌이 들다   〜づらい ~하기 힘들다
とても 정말   今日 오늘   ダイエット 다이어트   開始 개시, 시작

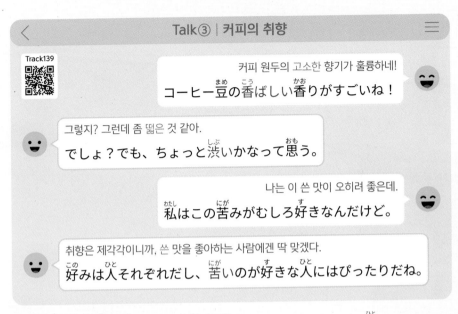

Talk③ | 커피의 취향

Track139

커피 원두의 고소한 향기가 훌륭하네!
コーヒー豆の香ばしい香りがすごいね！

그렇지? 그런데 좀 떫은 것 같아.
でしょ？でも、ちょっと渋いかなって思う。

나는 이 쓴 맛이 오히려 좋은데.
私はこの苦みがむしろ好きなんだけど。

취향은 제각각이니까, 쓴 맛을 좋아하는 사람에겐 딱 맞겠다.
好みは人それぞれだし、苦いのが好きな人にはぴったりだね。

New 단어　コーヒー豆 커피 원두　すごい 훌륭하다　ちょっと 좀, 조금　むしろ 오히려　人それぞれ 제각각
ぴったり 딱, 꼭

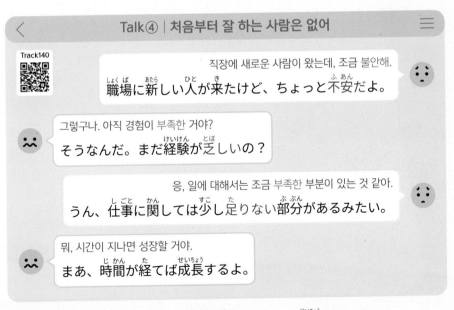

Talk④ | 처음부터 잘 하는 사람은 없어

Track140

직장에 새로운 사람이 왔는데, 조금 불안해.
職場に新しい人が来たけど、ちょっと不安だよ。

그렇구나. 아직 경험이 부족한 거야?
そうなんだ。まだ経験が乏しいの？

응, 일에 대해서는 조금 부족한 부분이 있는 것 같아.
うん、仕事に関しては少し足りない部分があるみたい。

뭐, 시간이 지나면 성장할 거야.
まあ、時間が経てば成長するよ。

New 단어　職場 직장　まだ 아직　部分 부분　時間が経つ 시간이 지나다　成長 성장

회화 Talk! **237**

부록

잘, 자주 **よく**	그녀와는 자주 만납니다. 彼女_{かのじょ}とはよく会_あいます。
대개, 대충, 거의 **だいたい**	대충 알고 있습니다. だいたい知_しっています。
더, 더욱 **もっと**	더 분발하겠습니다. もっと頑張_{がんば}ります。
조금, 약간 **少_{すこ}し**	조금 생각해 보겠습니다. 少_{すこ}し考_{かんが}えてみます。
전혀 **全然_{ぜんぜん}**	전혀 재미있지 않습니다. 全然_{ぜんぜん}面白_{おもしろ}くありません。
아마 **たぶん**	아마 바쁘겠지요. たぶん忙_{いそが}しいでしょう。
절대(로) **絶対_{ぜったい}(に)**	절대로 늦지 마세요. 絶対_{ぜったい}に遅_{おく}れないでください。
곧, 즉시, 바로 **すぐ**	바로 가겠습니다. すぐ行_いきます。
언제나, 늘, 항상 **いつも**	항상 신세지고 있습니다. いつもお世話_{せわ}になっております。
꽤, 상당히 **かなり**	연구는 꽤 진행되어 있습니다. 研究_{けんきゅう}はかなり進_{すす}んでいます。

많이 **たくさん**	많이 먹어. たくさん食べてね。
겨우, 간신히 **やっと**	겨우 숙제가 끝났습니다. やっと宿題が終わりました。
그다지, 별로 **あまり**	그다지 좋아하지 않는다. あまり好きじゃない。
더욱더, 보다 더 **さらに**	더욱더 멋있어졌네. さらにかっこよくなったね。
분명히, 확실히 **確か**	분명히 내일은 회의가 있을 거예요. 確か、明日は会議があるはずです。
전혀 **まったく**	전혀 모르겠습니다. まったく分かりません。
매우, 몹시 **とても**	매우 편리합니다. とても便利です。
이따가, 나중에 **後で**	이따가 (전화를) 다시 걸겠습니다. 後でかけ直します。
역시 **やはり・やっぱり**	역시 당신이 범인이군요. やはりあなたが犯人ですね。
반드시, 꼭 **必ず**	반드시 합격하겠습니다. 必ず合格します。

두근두근 ドキドキ	긴장해서 가슴이 두근두근합니다. 緊張で胸がドキドキします。
꿀꺽꿀꺽 ごくごく	물을 꿀꺽꿀꺽 마시고 있습니다. 水をごくごく飲んでいます。
똑딱똑딱 チクタク	시계가 똑딱똑딱하고 소리를 내고 있습니다. 時計がチクタクと音を立てています。
탁탁 パチパチ	모닥불은 탁탁 타고 있습니다. たき火はパチパチと燃えています。
(조용한 상태) シーン	방은 조용합니다. 部屋はシーンとしています。
(맛있게 먹는 모양) パクパク	아이가 맛있게 밥을 먹고 있다. 子どもがパクパクご飯を食べている。
덜커덕덜커덕 ガタガタ	오래된 책상이라 덜커덕덜커덕합니다. 古い机なので、ガタガタします。
쾅 バタン	문을 쾅하고 닫았습니다. ドアをバタンと閉めました。
우르르 ゴロゴロ	천둥이 우르르 치고 있습니다. 雷がゴロゴロ鳴っています。
쏴쏴, 좍좍, 콸콸 ざあざあ	비가 쏴쏴 내리고 있습니다. 雨がざあざあ降っています。

쿵 **ドン**	쿵하고 큰 소리가 났습니다. ドンと大_{おお}きな音_{おと}がしました。
콜록콜록 **ゴホゴホ**	콜록콜록하고 기침을 하고 있습니다. ゴホゴホと咳_{せき}をしています。
띵동 **ピンポン**	띵동하고 초인종이 울렸습니다. ピンポンとベルが鳴_なりました。
왁자지껄 **ガヤガヤ**	왁자지껄해서 떠들썩하네요. ガヤガヤと賑_{にぎ}やかですね。
똑똑 **ポタポタ**	똑똑 물이 샙니다. ポタポタ水漏_{みず も}れします。
소곤소곤 **ボソボソ**	소곤소곤하고 작은 목소리로 이야기합니다. ボソボソと小_{ちい}さな声_{こえ}で話_{はな}します。
보글보글, 부글부글 **ブクブク**	보글보글 거품이 납니다. ブクブク泡_{あわ}が立_たちます。
졸졸 **サラサラ**	물이 졸졸하고 흐르고 있습니다. 水_{みず}がサラサラと流_{なが}れています。
딱딱 **カチカチ**	추워서 이가 딱딱 울렸다. 寒_{さむ}くて歯_はがカチカチ鳴_なった。
술렁술렁, 와글와글 **ザワザワ**	회장은 매우 술렁술렁합니다. 会場_{かいじょう}はとてもザワザワしています。

반짝반짝, 번쩍번쩍	구두를 반짝반짝하게 닦습니다.
ピカピカ	靴をピカピカに磨きます。
폭신폭신, 푹신푹신	폭신폭신한 케이크를 먹고 싶다.
ふわふわ	ふわふわとしたケーキが食べたい。
미끈미끈, 반들반들	바닥이 미끈미끈해서 미끄러지기 쉽다.
つるつる	床がつるつるして滑りやすい。
울퉁불퉁	이 길은 울퉁불퉁합니다.
でこぼこ	この道はでこぼこしています。
너덜너덜	구멍이 생기고 너덜너덜해졌습니다.
ボロボロ	穴ができてボロボロになりました。
새근새근	아기가 새근새근 자고 있습니다.
すやすや	赤ちゃんがすやすや寝ています。
(정신없는 모양)	바빠서 정신이 없습니다.
バタバタ	忙しくてバタバタします。
흐물흐물	이 젤리는 흐물흐물합니다.
グニャグニャ	このゼリーはグニャグニャです。
훌쩍훌쩍	혼나서 훌쩍훌쩍 울고 있다.
めそめそ	叱られてめそめそ泣いている。
찰랑찰랑	머리카락이 찰랑찰랑하네요.
サラサラ	髪の毛がサラサラですね。

| 흠뻑 | 비 때문에 옷이 흠뻑 젖었습니다. |
| びしょびしょ | 雨で服がびしょびしょになりました。 |

| 흔들흔들 | 그네가 흔들흔들 흔들리고 있습니다. |
| ゆらゆら | ブランコがゆらゆら揺れています。 |

| 헐렁헐렁 | 저 바지는 헐렁헐렁합니다. |
| ぶかぶか | あのズボンはぶかぶかです。 |

| 대굴대굴 | 볼이 대굴대굴하고 굴러 간다. |
| コロコロ | ボールがコロコロと転がっていく。 |

| 술술, 척척 | 어려운 문제를 술술 푼다. |
| すらすら | 難しい問題をすらすら解く。 |

| 빙빙 | 같은 길을 빙빙 돌고 있다. |
| ぐるぐる | 同じ道をぐるぐる回っている。 |

| 깡충깡충, 껑충껑충 | 아이가 깡충깡충 뛰고 있습니다. |
| ピョンピョン | 子どもがピョンピョン跳ねています。 |

| 끈적끈적 | 낫토는 끈적끈적합니다. |
| ねばねば | 納豆はねばねばしています。 |

| 생긋생긋 | 생긋생긋 웃고 있습니다. |
| にこにこ | にこにこ笑っています。 |

| 어슬렁어슬렁 | 역 주변을 어슬렁어슬렁하고 있다. |
| うろうろ | 駅の周りをうろうろしている。 |

한국어	日本語	페이지
만족하다	満足だ	p.199
많다	多い	p.194
말, 이야기	話	p.28
말씀드리다	申し上げる	p.154
말씀하시다	おっしゃる	p.154
말을 걸다	話しかける	p.155
말하다	言う	p.154
말하다	語る	p.154
말하다, 진술하다, 기술하다	述べる	p.154
맑다	晴れる	p.176
맑음	晴れ	p.140
맛보다, 먹어 보다	味わう	p.164
맛있다	おいしい	p.228
망설이다	迷う	p.157
맞벌이	共働き	p.38
맡기다	任せる	p.163
맡기다, 예금하다	預ける	p.178
매끈하다	滑らかだ	p.227
(넥타이를) 매다	締める	p.174
매력적이다	魅力的だ	p.211
매미	セミ	p.137
매우 조심스럽다	注意深い	p.206
매장 이용	店内利用	p.90
매장, 파는 곳	売り場	p.70
매정하다, 냉담하다, 쌀쌀하다	すげない	p.208
매정하다, 야비하다	えげつない	p.204
매표소	切符売り場	p.120
맥주	ビール	p.92
맨션	マンション	p.32
맨투맨	トレーナー	p.65
맵기 정도	辛さ	p.88
맵다	辛い	p.228
맹세하다	誓う	p.158
머리, 두뇌	頭	p.14
머리띠	カチューシャ	p.67
머리카락	髪	p.62
먹다	食べる	p.164
먹이	餌	p.136
멀다	遠い	p.196
멀티탭	電源タップ	p.47
멈추다	止まる	p.181
멋있다, 멋쟁이다	おしゃれだ	p.211
메이크업 리무버	メイク落とし	p.68
면 익힘 정도	麺の硬さ	p.88
면 추가	替え玉	p.89
면세품	免税品	p.96
면접	面接	p.48
면허	免許	p.118
명랑하다	朗らかだ	p.203
명품	ブランド品	p.70

한국어	일본어	페이지	한국어	일본어	페이지
(돈을) 벌다	稼ぐ	p.178	복숭아	桃	p.83
벌다, 이익을 보다	儲ける	p.178	복습	復習	p.43
벌레	虫	p.137	복잡하다	複雑だ	p.223
벌하다, 처벌하다	罰する	p.187	볶음	炒め物	p.80
범죄	犯罪	p.132	봄	春	p.141
범하다, 저지르다	犯す	p.186	봉고데기	ヘアアイロン	p.63
벗다	脱ぐ	p.175	부 활동	部活	p.42
베개	枕	p.36	부끄럼쟁이	恥ずかしがり屋	p.23
베이지, 베이지색	ベージュ	p.134	부동산	不動産(屋)	p.33
벼룩시장	フリマ	p.71	부드럽다	柔らかい	p.227
벽	壁	p.34	부럽다	羨ましい	p.198
벽장	押し入れ	p.35	부부	夫婦	p.17
변덕쟁이	気まぐれ	p.22	부상	ケガ	p.57
변호사	弁護士	p.19	부엌, 주방	台所	p.35
변환 어댑터	変換プラグ	p.97	부자	お金持ち	p.109
병	病気	p.56	부자연스럽다	不自然だ	p.213
병문안	お見舞い	p.59	부작용	副作用	p.59
병원	病院	p.58	부정적이다	否定的だ	p.205
볕이 듦	日当たり	p.33	부족하다	足りない	p.218
(접시에) 보기 좋게 담다			부족하다, 모자라다	乏しい	p.222
	盛り付ける	p.165	부진, 침체	低迷	p.109
보내다	送る	p.152	분리수거	ゴミの分別	p.39
보라, 보라색	紫	p.134	분명하다	明らかだ	p.230
보습	保湿	p.69	분실물 센터	落とし物センター	p.96
보험증	保険証	p.58	분위기 메이커	ムービーメーカー	p.23
복도	廊下	p.34	분주하다, 어수선하다		

사이좋다	仲(が)いい	p.232	새콤달콤하다	甘酸っぱい	p.229
사전 협의	打合せ	p.50	새파랗다	真っ青だ	p.234
사진	写真	p.21	새하얗다	真っ白だ	p.234
사진 명소	映えスポット	p.97	색, 색깔	色	p.134
사진이 잘 나오다	盛れる	p.189	생년월일	生年月日	p.13
사차원, 백치미	天然ボケ	p.23	생방송	生放送	p.110
사회	社会	p.129	생산	生産	p.116
삭제하다, 탈퇴하다	削除する	p.188	생일, 출생일	(お)誕生日	p.13
산업	産業	p.116	생활하다	暮らす	p.148
산책	散歩	p.136	샤프펜슬	シャーペン	p.46
살다	生きる	p.148	서두르다	急ぐ	p.158
상냥하다	優しい	p.202	서류	書類	p.50
상담	相談	p.28	서점	本屋	p.60
상대	相手	p.27	서툴다, 못하다, 꺼리다		
상사	上司	p.51		苦手だ	p.219
상점가	商店街	p.61	서툴다, 어리석다	つたない	p.218
상처	傷	p.57	섞다	混ぜる	p.165
상쾌하다	爽やかだ	p.224	선거	選挙	p.128
상쾌하다, 청량하다	すがすがしい	p.225	선배	先輩	p.24
상태, 컨디션	体調	p.56	선생님	先生	p.19
새	鳥	p.137	선수	選手	p.103
새까맣다	真っ黒だ	p.234	선크림	日焼け止め	p.68
새로고침하다	更新する	p.189		(クリーム)	
새롭다	新しい	p.210	설거지	皿洗い	p.38
새빨갛다	真っ赤だ	p.234	설명회	説明会	p.48
새치 염색	白髪染め	p.63	설사	下痢	p.57

大

숫자&영문

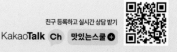